HANS ROHRBACH

Naturwissenschaft, Weltbild, Glaube

Acht Variationen über ein Thema
Vom Sinn des Lebens

W0230699

R. Brockhaus Verlag Wuppertal

R. Brockhaus Taschenbuch Bd. 117

12. erweiterte Auflage 1986

Umschlaggrafik: Carsten Buschke, Leichlingen 2
Umschlagfoto: Photofile – ZEFA, Düsseldorf
Gesamtherstellung: Breklumer Druckerei Manfred Siegel KG
ISBN 3–417–20117–9

Laß, o Gott, dies tief Geheime, dies dein Walten
auch in uns, die du von dir entferntest,
in den Jungen sich bewegen und den Alten,
bis du uns in deine Scheuern erntest.

Manfred Hausmann

Inhaltsverzeichnis

Der vorliegende Taschenbuchband faßt sieben Vorträge von mir zusammen, die ich zum Thema »Exakte Naturwissenschaft und christlicher Glaube« seit 1952 mehrfach gehalten habe. Sie richteten sich überwiegend an interessierte (naturwissenschaftliche) Laien, denen daran lag, das Verhältnis von wissenschaftlicher Erkenntnis zu den Aussagen des Glaubens neu zu durchdenken. Hierfür bietet die Wandlung, die sich im Denken der Naturwissenschaft während der letzten Jahrzehnte vollzogen hat, den entscheidenden Ausgangspunkt. Macht sie es doch möglich, viele Denkhindernisse zu beseitigen, die im naturwissenschaftlichen Weltbild des 19. Jahrhunderts den Aussagen des christlichen Glaubens entgegenstanden. Der ehrlich suchende, sich dem Anliegen des Glaubens nicht grundsätzlich verschließende Mensch wird immer bestrebt sein, sich Zweifel oder Verstehensschwierigkeiten beheben zu lassen. Hierbei sollten die von mir gehaltenen Vorträge Klärung und Hilfe geben.

Die meisten dieser Vorträge sind, anhand von Tonbandaufnahmen etwas überarbeitet, hier und da in nicht leicht zugänglichen Zeitschriften oder Sonderheften im Druck erschienen. Es ist schon mehrfach der Wunsch geäußert worden, sie gesammelt in Buchform herauszugeben, um sie besser zugänglich zu machen. Ich komme diesem Wunsch nur mit geteiltem Herzen nach. Denn ich bin mir bewußt, daß meine Ausführungen einer stärkeren Überarbeitung bedürften, wenn sie als Buch vorgelegt werden sollen. Für eine solche fehlt mir aber die notwendige Muße. Als Mathematiker, der die physikalische Forschung nur am Rande verfolgt, kann ich von den erstaunlichen erkenntnistheoretischen Wandlungen in den Grundlagen der Physik weniger als Wissender denn als Empfangender reden. Doch habe ich den Vorzug gehabt, an den Physiker-Theologen-Gesprächen teilnehmen zu dürfen, die anfangs von der Evangelischen Forschungsakademie in Hemer, später von der Forschungsstätte der Evangelischen Studiengemeinschaft in Heidelberg veranstaltet wurden. Die Arbeit, die dort geschah und jetzt von Vertretern der jüngeren Generation fortgesetzt wird, ist so bedeutsam, daß ich die Anregungen, die ich von da empfangen habe, weitergeben möchte. So wage ich es denn, diese Anregungen in der von mir verarbeiteten und gestalteten Form so vorzulegen, wie ich sie in den zum Teil schon viele Jahre zurückliegenden Vorträgen dargeboten habe.

Mein Anliegen ist, die grundsätzlichen Linien und Aspekte des gewandelten Verständnisses der Wirklichkeit und ihre Beziehung zu den Grundaussagen des christlichen Glaubens herauszuarbeiten, ohne sehr auf Einzelheiten einzugehen. Und auch die schriftliche Darlegung soll, dem Tenor der Vorträge entsprechend, einem weiteren Kreis von Lesern verständlich sein. So habe ich den ursprünglichen Text der Vorträge nur geringfügig geändert oder ergänzt. Einigen der hier wiedergegebenen Vorträge sind Fragen und Antworten aus Diskussionen angefügt, die im Anschluß daran stattfanden. Die Auswahl habe ich auf jene sieben Vorträge beschränkt, die nach meiner Erfahrung das stärkste Echo ausgelöst haben. Dabei habe ich in Kauf genommen, daß sich die Ausführungen — wie bei dem ihnen gemeinsamen Thema nicht anders zu erwarten — inhaltlich überschneiden. Bei der Neuartigkeit und Bedeutsamkeit der Sache aber sind Wiederholungen angebracht, zumal innerhalb jedes Vortrags die Akzente und Anwendungen etwas anders gesetzt sind.

Wer als Naturwissenschaftler sich mit Fragen des christlichen Glaubens befaßt, kommt leicht in den Verdacht, Brücken von der Naturwissenschaft zum Glauben schlagen zu wollen. Deshalb betone ich, daß ich nicht so verstanden werden möchte. Ich bin überzeugt, daß ein solches Unterfangen nicht nur nicht wünschenswert, sondern auch unmöglich ist. Meine Absicht ist nicht etwa, naturwissenschaftlich zu beweisen, daß die Bibel recht habe. Das ist nicht nur nicht möglich, sondern völlig überflüssig; denn die Bibel autorisiert sich durch sich selbst. Mit allem, was ich in meinen Vorträgen ausführe, will ich nur darlegen, daß man naturwissenschaftlich *nicht* beweisen kann, daß die Bibel *nicht* recht hat.

Diese doppelte Verneinung muß beachtet werden, wenn man

mich recht verstehen will. Sie erst ermöglicht es, sich den etwa 200 Jahre alten, von Aufklärung und Rationalismus unternommenen Versuchen, bestimmte biblische Aussagen naturwissenschaftlich zu widerlegen, frei von jeder Apologetik entgegenzustellen und für sich selbst eine Entscheidung zu treffen: entweder aus dem doppelten Nein ein Ja zur Bibel und zum Glauben an Jesus Christus zu finden oder bei seinem Nein zu beiden zu bleiben.

Diese Entscheidung kann keinem Menschen abgenommen werden. Aber er hat sie aus eigener Verantwortung heraus zu vollziehen. Dazu braucht er Information. Von dieser notwendigen Information einiges zu vermitteln, ist das Anliegen meiner Vorträge und ebenso des vorliegenden Buches. Ich würde mich freuen, wenn es auch in dieser Form zur Geltung kommen und manchen suchenden Menschen Klarheit und Hilfe zur Entscheidung geben könnte. Zugleich danke ich allen naturwissenschaftlichen Kollegen, aus deren Schriften ich Anregungen empfangen habe, für ihre Unterstützung. Einiges davon ist im folgenden hier und da verarbeitet, doch habe ich mich bei den Quellenangaben mit pauschalen Hinweisen begnügt.

Mainz, im Juni 1966   Hans Rohrbach

Vorwort zur 12. Auflage

Die Wandlung im Denken der exakten Naturwissenschaften, von denen dieses Buch handelt, hat sich inzwischen im kollektiven Unbewußten der Gegenwart merklich durchgesetzt. Insbesondere erhebt sich immer wieder die Frage, wie sich die wissenschaftliche Auslegung der Bibel und der persönliche Umgang mit ihr zueinander verhalten. Ich habe deshalb die 12. Auflage um einen achten Beitrag erweitert, der darauf Antwort geben soll. So möge auch diese Auflage vielen Menschen eine Entscheidungshilfe zur Erkenntnis der Wahrheit werden.

Bischofsheim/Röhn, im Dezember 1985   Hans Rohrbach

DER NATURWISSENSCHAFTLICH GEBILDETE UND DER CHRISTLICHE GLAUBE[1]

I.

Unser Thema will offenbar eine Gegensätzlichkeit zwischen naturwissenschaftlicher Bildung und christlichem Glauben herausstellen — eine Gegensätzlichkeit, die bis vor einem Menschenalter in weiten Kreisen der Gebildeten als selbstverständlich und notwendig angesehen wurde und z. T. auch noch heute so empfunden wird. Die Folge war, daß man entweder um der naturwissenschaftlichen Erkenntnisse willen den Glauben ablehnte oder um des Glaubens willen das Denken preisgab, also ein »sacrificium intellectus« brachte. Eine dritte Möglichkeit war für den nachdenkenden, gegen sich selbst ehrlichen Menschen nicht sichtbar. Im allgemeinen kam und kommt es in diesem Dilemma zu Kompromissen, wo je nach dem Ausgangspunkt die Aussagen des Glaubens oder die wissenschaftlichen Erkenntnisse beschnitten und zurechtgebogen werden und so eine gewisse Kirchlichkeit oder Frömmigkeit eigener Prägung neben einem davon fast unberührten Alltagsleben versucht wird. Dies führt zu einer Zweigleisigkeit des Lebens, die auf die Dauer nicht tragfähig, weil unaufrichtig ist.

Es muß ganz nüchtern gesehen und zugegeben werden, daß naturwissenschaftliches Denken die allgemeine Geisteshaltung der Neuzeit weitgehend beeinflußt und bestimmt hat. Auch die Krise und das Versagen des Christentums beruhten wesentlich darauf, daß die christlichen Vorstellungen und Glaubensinhalte mit der naturwissenschaftlichen Erkenntnis immer schärfer in Widerspruch gerieten, der Glaube weithin schwand und die Lebensführung der Christen den Anforderungen christlicher Ethik immer weniger entsprach.

Inzwischen hat aber die Naturwissenschaft, insbesondere die

[1] Erstmals erschienen in »Das Missionarische Wort«, Jahrgang 6 (1953), S. 17—27, sowie in der Reihe »Biblische Universitätsschriften«, Verlag R. Brockhaus, Wuppertal 1953.

Physik, nicht nur wesentliche Fortschritte gemacht, sondern vor allem ein neues Denken entwickelt. Ihre Erkenntnis, die man im ausgehenden 19. Jahrhundert als abgeschlossen angesehen hatte, ist zu einer ungeahnten Tiefe vorgestoßen, die es notwendig macht, die eingangs erwähnte Gegensätzlichkeit erneut zu überprüfen und sich mit dem neuen Denken der Physik geistig auseinanderzusetzen.

Machen wir uns zunächst klar, wie es zu der Überzeugung von einer Gegensätzlichkeit zwischen Glauben und Denken gekommen ist. Die geistige Entwicklung des Abendlandes in den letzten 300 Jahren versteht man am besten als ein Herauswachsen aus der Naivität des Mittelalters, als eine Verselbständigung des Subjekts. Der Mensch des Abendlandes wird sich in zunehmendem Maße seiner Vernunft bewußt und macht diese immer mehr zum Maßstab der Bewertung und des Verstehens aller menschlichen Verhältnisse einschließlich seines Verhältnisses zu Gott. Kant definiert (1784) das Wesen der Aufklärung folgendermaßen: Aufklärung ist das Herausgehen des Menschen aus seiner selbstverschuldeten Unmündigkeit. Unmündigkeit ist das Unvermögen, sich seines Verstandes selbst zu bedienen. Selbstverschuldet ist diese Unmündigkeit, wenn die Ursache nicht ein Mangel des Verstandes ist, sondern ein Mangel des Entschlusses und des Mutes, sich des Verstandes ohne Leitung eines anderen zu bedienen. So ist der Wahlspruch der Aufklärung: *Sapere aude!* Wage zu denken! Habe Mut, deinen Verstand zu gebrauchen!

Auch die Bibel fordert uns auf, mutig zu sein; doch lautet der Nachsatz bei ihr anders: *Fürchte dich nicht, glaube nur!* (Mark. 5, 36). Immer bewußter wird nun dieser biblischen Mahnung das Sapere aude der Aufklärung entgegengesetzt. Jede Religion, jede Offenbarung muß sich, nach der Überzeugung der Aufklärung, der Vernunft unterordnen: »Beweise mir, daß es so ist, wie die Bibel behauptet; dann will ich glauben!« Das Christentum wird nur als eine religiöse Erscheinungsform unter vielen und als Verdunkelung der allgemeinen Vernunftreligion angesehen, die es zu erkennen und herauszuarbeiten gilt. Insbesondere werden alle übernatürlichen Züge im Christentum abgelehnt oder beanstandet. Was übrig bleibt, wenn man die der Vernunft nicht eingehenden Aussagen streicht, ist bestenfalls ein allgemeiner Gottesglaube und eine rational faßbare Ethik. Man spricht vielleicht noch von einem Höchsten Wesen, aber glaubt nicht mehr an einen persönlichen Gott, der handelnd in Natur und Geschichte eingreift, zu dem man in der Not rufen kann, der Schutz und Zuflucht gewährt. Es ist im Grunde ein ohnmächtiger Gott, den man noch für denkmöglich hält, einer, der selbst den Naturgesetzen unterworfen ist. Man nimmt ihn nicht ernst und man braucht ihn auch eigentlich nicht. Denn wenn alles von der Vernunft beherrscht wird, sind Unbegreiflichkeiten nicht zu befürchten.

Vom Weltbild der Neuzeit — das seine letzte Ausprägung gegen Ende des 19. Jahrhunderts erhielt — seien nur einige markante Züge genannt:

Raum und Zeit sind Absoluta und erstrecken sich in jeder ihrer Richtungen ins Unendliche.

Das Weltall existierte schon immer und wird immer weiter existieren; es hat die Kraft, sich aus sich selbst heraus zu erhalten.

Alles Geschehen in diesem Weltall läuft nach ewigen, unabänderlichen Gesetzen und nur nach diesen ab.

Der menschliche Geist hat grundsätzlich die Fähigkeit, alles zu erkennen, und es gibt auch nichts anderes als das, was seine Sinne und sein Verstand erfassen können.

Mit diesen Vorstellungen ist aber der Glaube an einen persönlichen Gott nicht vereinbar, sondern erscheint geradezu absurd. Schöpfung, Offenbarung, Sünde, Verlorenheit, Erlösung, Auferstehung, Gericht und Ende — wie soll man diese zentralen Inhalte des christlichen Glaubens im Weltbild der Neuzeit ohne ein sacrificium intellectus denken können? Und gar Jesus Christus — Gottes Sohn? Nein, das nicht! Gewiß, man mag ihn achten als edlen Menschen, als großen Propheten, als Religionsstifter, als leidensbereiten Märtyrer, der für seine Überzeugung in den Tod ging, aber im übrigen ist er — so sagt man — von seinen Anhängern später legendarisiert, mit Wundern ausgestattet und zur Gottheit erhoben worden.

Erst Paulus habe aus den Reden Christi eine Lehre geformt und die Kirche gegründet. Die Kirchenväter haben das Ihrige dazugetan, und nun verlangt man, so heißt es, von uns modernen Menschen, daß wir heute noch ein Glaubensbekenntnis als wahr und verbindlich hinnehmen sollen, das aus veralteten Vorstellungen und Reflektionen heraus entstanden ist. Himmel und Hölle seien doch astronomische Unmöglichkeiten, und die Geheimnisse um Geburt und Auferstehung Christi widersprächen den elementarsten biologischen Erkenntnissen.

II.

So ging man zufrieden mit sich selbst und mit der »vernünftigen« Art, wie die Probleme beiseite geschoben worden waren, in dieses Jahrhundert hinein. Und da geschah es, daß die Weltgeschichte auf einmal nicht so vernünftig weiterging, wie es sich anständigerweise für sie gehört hätte. Was sich seit 1914 ereignet hat, offenbart keineswegs die Herrschaft der Vernunft, und alle Begriffe von Ethik und Moral, die die Menschheit sich rational zusammengezimmert hatte, zerbrachen und tragen nicht mehr. Mißtrauen und Ratlosigkeit, Flucht in den Aberglauben oder in den Nihilismus sind weithin das Ergebnis. Mitmenschlichkeit und neue Moral bieten sich als Ersatzglaube an. Zugleich aber erhebt sich hier und da ein neues Fragen nach Gott und der christlichen Botschaft. Manche beginnen zu ahnen, daß die Ereignisse der letzten Jahrzehnte Maßnahmen Gottes sein könnten — mahnende, warnende, richtende und also heimsuchende Maßnahmen — desselben Gottes, dessen Eingreifen hier auf Erden die Vernunft nicht anerkennen will.

Gottes Gerichte sind aber niemals nur Strafe, sie enthalten immer zugleich auch Hilfe. Man muß sie nur sehen. Seine Hilfe besteht darin, daß uns Erkenntnis geschenkt wird. Gott will, daß allen Menschen geholfen werde und sie zur Erkenntnis der Wahrheit kommen. Auch wissenschaftliche Erkenntnis gehört dazu; auch sie zielt auf Wahrheit, auf Erforschung der Wirklichkeit ab. In den zwanziger Jahren dieses Jahrhunderts — in der Zeit nach dem ersten Weltkrieg, als hohe Ideale und menschliche Sicherungen, Vernunft und Humanismus sich weithin als trügerische Illusionen erwiesen — wurden der Menschheit auf allen wesentlichen Gebieten der Wissenschaft eine Neubesinnung und eine Fülle neuer Erkenntnisse gegeben, insbesondere in Theologie und Naturwissenschaft. Und seitdem das neue Naturbild der Physik die Wirklichkeit um uns auf Grund tieferer Einsicht grundsätzlich anders sieht als das Weltbild der Neuzeit, zeichnet sich eine Annäherung zwischen Theologie und Naturwissenschaft ab, die man nicht mehr für möglich gehalten hätte.

Eine hübsche, vielleicht wahre Geschichte berichtet von folgendem Gespräch zwischen Kardinal Faulhaber und Professor Einstein in den zwanziger Jahren:

»Ich achte die Religion, aber glaube an die Mathematik«, sagte Einstein, »und bei Ihnen, Eminenz, wird es umgekehrt sein.«

»Sie irren«, erwiderte Faulhaber, »Religion und Mathematik sind für mich nur verschiedene Ausdrucksformen derselben göttlichen Exaktheit.«

Einstein war erstaunt: »Aber wenn nun die mathematische Forschung eines Tages ergäbe, daß gewisse Erkenntnisse der Wissenschaft denen der Religion widersprechen?«

»Ich schätze die Mathematik so hoch ein«, war Faulhabers Antwort, »daß Sie, verehrter Professor, dann nie aufhören sollten, nach dem Rechenfehler zu suchen.«

Diese Antwort beruht auf der Gewißheit, daß die Mathematik nicht ein Produkt des menschlichen Geistes, sondern klüger ist als der Mensch — eine Erfahrung, die der Mathematiker und der theoretische Physiker vollauf bestätigen können. Und inzwischen haben die Physiker tatsächlich den Fehler gefunden — allerdings nicht aus dem Wunsche heraus, Weltbild und Glaube wieder in Übereinstimmung zu bringen. Das ist nicht Aufgabe der Wissenschaft, überhaupt nicht Aufgabe des Menschen. Eine solche Übereinstimmung kann nur Folgeerscheinung sein und wird eintreten, soweit die Erkenntnisse beider Bereiche — der Wissenschaft wie des Glaubens — wahr sind. Die physikalische Forschung ist vielmehr bei ihrem weiteren Vordringen zu Ergebnissen geführt worden, die mit Anschauungen und Denkgewohnheiten ihres eigenen Gebietes in Widerspruch standen, und sie ist dadurch gezwungen worden, umzudenken und zuzugeben, daß die Wirklichkeit um uns anders ist, als das Weltbild der Neuzeit sie beschrieben hat.

Ich will an drei Punkten deutlich zu machen versuchen, wie wesentlich anders das heutige physikalische Denken und die damit verbundenen Vorstellungen vom Weltall geworden sind.

III.

Wir haben einwandfreie Methoden, die sich gegenseitig bestätigen und uns zeigen, daß die Zeit nach rückwärts hin begrenzt ist, d. h. daß es mit dem Kosmos einen sozusagen datierbaren Anfang gegeben hat. Es sind einige Milliarden Jahre, vielleicht fünf oder sechs oder auch zehn Milliarden, aber jedenfalls nur eine endliche Anzahl von Jahren, die man als das Alter des Kosmos, des Weltalls, bezeichnen kann. Das Weltall hat also nicht »seit Ewigkeiten« bestanden. Man darf hieraus allerdings nicht schließen: Folglich muß es einen Schöpfer gegeben haben oder geben. Das wäre ein metaphysischer Kurzschluß, der wissenschaftlich unzulässig ist. Wir können als Wissenschaftler nur Dinge untersuchen und über sie etwas aussagen, die zu unserem Erfahrungsbereich gehören. Wir beschränken uns darauf, festzustellen, daß es einen Anfang gegeben hat, und überlassen es dem einzelnen, diese Aussage mit der bisherigen Vorstellung vom ewig existierenden Weltall und von der unbegrenzt ablaufenden Zeit zu vergleichen und seine Schlußfolgerungen daraus zu ziehen. Die katholische Kirche hat das Ergebnis für überzeugend genug gehalten, um damit einen Gottesbeweis zu verbinden. Doch kann die Entstehung der Welt aus sich selbst heraus wissenschaftlich ebensowenig widerlegt oder gestützt werden wie die Annahme eines Schöpfers.

Auch von der Begrenztheit der Zeit nach vorn hin darf

gesprochen werden. Wir dürfen mit großer Wahrscheinlichkeit annehmen, daß in ferner Zukunft einmal ein Zustand im Kosmos eintreten wird, bei dem alles ausgeglichen ist, wo also die Gesamtmasse im ganzen Weltraum gleichmäßig verteilt ist und dann nichts mehr sich ereignen kann (thermodynamisches Gleichgewicht, Wärme- oder Kältetod des Weltalls). Doch können wir keine Berechnungen darüber anstellen, wieviel Jahre bis dahin noch vergehen werden, da wir das Eintreten von unvorhersehbaren Ereignissen nicht ausschließen können.

Hinsichtlich der räumlichen Unendlichkeit des Weltalls vermuten wir, daß auch hier die Ausdehnung ins Unendliche zu verneinen ist. Ein experimenteller Nachweis steht noch aus, doch wird mit Aussicht auf Erfolg daran gearbeitet. Einstweilen haben wir nur gut fundierte theoretische Überlegungen für die Annahme, daß der Weltraum gekrümmt und endlich, aber trotzdem unbegrenzt ist. Anschaulich ist das nicht mehr vorstellbar, da es die gedankliche Einordnung in einen Raum von mehr als den drei unseren Sinnen erfaßbaren Dimensionen voraussetzt. Um auf dem Wege einer Analogie eine Hilfsvorstellung zu gewinnen, denke man an die Oberfläche unserer Erde. Sie ist eine (zweidimensionale) gekrümmte endliche Fläche — schon in der Schule lernt man die Größe der Oberfläche einer Kugel berechnen — und doch unbegrenzt. Wer es gedanklich vollziehen kann, übertrage diesen Sachverhalt von der dreidimensionalen Erde ins Vierdimensionale. Dann ergibt sich das Weltall als dreidimensionale »Oberfläche« einer vierdimensionalen »Kugel« — gekrümmt, endlich, unbegrenzt — doch soll damit nicht gesagt sein, daß dieses als Hilfsvorstellung gegebene Bild der Wirklichkeit voll entspricht.

Die Denkmöglichkeit von der Endlichkeit des Raumes ist für unser Denken ebenso aufregend und revolutionierend wie die Endlichkeit der Zeit. Naturgemäß erheben sich hier vom alten Weltbild her — dem Weltbild der Neuzeit — die Fragen: Was war vorher, wenn die Zeit begrenzt ist? Was ist außerhalb, wenn der Raum endlich ist? Darauf können wir von der Wissenschaft her keine Antwort geben. Die Fragen sind für uns gegenstandslos, da sie sich nicht auf Dinge beziehen, die zu unserem Erfahrungsbereich gehören. Als Wissenschaftler untersuchen wir nur das Gegebene, das unseren Methoden und Sinnen Zugängliche. Für uns ist die Welt nur dadurch beobachtbar, daß sie existiert und soweit sie existiert. Wer nach Dingen außerhalb unseres Erfahrungsbereiches fragt, muß den wissenschaftlichen Boden verlassen. Er muß wagen, damit zu rechnen, daß jenseits unseres Erfahrungsbereiches etwas ist und daß sich dieses Etwas ihm kundtut. Er kann dies Wagnis vollziehen oder ablehnen, er kann sich der Kunde, die ihm etwa gegeben wird, öffnen oder verschließen — in jedem Falle ist es seine eigene persönliche Entscheidung, die ihm die Wissenschaft nicht abnehmen kann. Er mag sich für das Nichts entscheiden und dementsprechend auf obige Frage antworten: Vorher war nichts und außerhalb ist nichts. Oder er mag sich für Gott entscheiden und damit für die Antwort: Vorher war die Ewigkeit und außerhalb ist die Ewigkeit. In keinem Falle läßt sich die Antwort wissenschaftlich stützen, aber auch nicht mehr wissenschaftlich widerlegen.

Ist man bereit, an den Schöpfer zu glauben, so kann man versuchen, unsere in Zeit und Raum endende Erkenntnis einmünden zu lassen in den vom Glauben her erschlossenen Bereich der Ewigkeit, und in aller Ehrfurcht und Nüchternheit etwa sagen: Raum und Zeit sind aus der Ewigkeit heraus durch einen Schöpfungsakt Gottes entstanden. Sie gibt es für uns nur deshalb, weil wir periodische Bewegung von Körpern beobachten. Messen wir doch die Zeit durch die Drehung der Erde um sich selbst und um die Sonne. Wir hätten gar nicht die Möglichkeit einer Zeitmessung, wenn nicht diese geregelte Bewegung im Raum stattfände mit den Fixsternen als Hintergrund. Denkt man sich versuchsweise den Fall, daß das Weltall noch nicht existiert hat, so fehlt auch die Möglichkeit, von Zeit und Raum zu sprechen. Die Bibel spricht statt dessen von Ewigkeit und Himmel. Sie weiß, daß Zeit und Raum Begriffe sind, die über unseren Erfahrungsbereich hinaus nicht anwendbar sind. Es ist Gottes Schöpfungstat, die in seinem — wohl zeitlos und raumlos zu denkenden — Reich unseren Kosmos als etwas entstehen ließ, das an Zeit und

Raum gebunden ist. Wir sind als Menschen nur soweit begabt, daß wir mit unseren Sinnen und Verstandeskräften lediglich dieses Zeit-Raum-Gebilde erfassen können und auch das nur unvollkommen.

IV.

Eine Determiniertheit der Naturvorgänge in der absoluten Art, wie es noch das Weltbild der Neuzeit behauptet hat, gibt es nicht. Die für ewig und unabänderlich gehaltenen Naturgesetze, die uns bei genügender Kenntnis aller Umstände das zukünftige Geschehen vorausberechenbar machen würden, sind nur scheinbar Gesetze, bei denen eine Ausnahme nicht denkbar ist. Gewiß, in der klassischen Physik, die sich auf das Naturgeschehen im Großen beschränkt und das Weltbild der Neuzeit geprägt hat, haben wir keine Ausnahmen beobachtet. Erst in der Atomphysik, mit dem Eindringen in die Welt des Kleinen, lernten wir, daß für das atomare Geschehen die bis dahin bekannten Gesetze nicht oder nur bedingt gelten. Die Gesetze im Großen sind Grenzfälle der Gesetzmäßigkeit im Kleinen und können erst von daher vollständig verstanden werden. Das Kennzeichen des atomaren Geschehens ist eine Nicht-Determiniertheit in dem Sinne, daß die Auslösung der Elementarvorgänge nicht immer vorausberechnet werden kann, weil die Anfangsbedingungen unbekannt sind. Es liegt eine gewisse Willkür im Sichereignen jedes atomaren Geschehens, jedes Elementarteilchens. An die Formulierung »Keine Wirkung ohne Ursache« des Kausalgesetzes anknüpfend, kann man vereinfachend etwa so sagen: Die jeweils erste Wirkung ist nicht determiniert, hat sie sich aber ereignet, so läuft der weitere Vorgang kausal ab. Daß unsere Naturgesetze im Großen kausal determiniert erscheinen, liegt nur daran, daß sich ein unseren Sinnen wahrnehmbarer Vorgang aus einer außerordentlich großen Zahl von Einzelvorgängen zusammensetzt. Die Indeterminiertheit aller ersten Wirkungen, die nicht vollkommen willkürlich ist, läßt sich statistisch erfassen. Die Wirkungsmöglichkeit ist begrenzt, bestimmte Möglich-

18

keiten werden bevorzugt, und diese Bevorzugungen erfolgen je mit einer bestimmten Wahrscheinlichkeit. Die Mittelbildung über die zahllosen Einzelwahrscheinlichkeiten der Elementarvorgänge ergibt nun erstaunlicherweise — es ist dies eine immer wieder bestätigte Erfahrung, die in der Statistik als »Gesetz der großen Zahl« formuliert wird — für die Gesamtwirkung eine eindeutig bestimmte Gewißheit. So kommt es, daß uns das Naturgeschehen im Großen kausal bedingt erscheint, so daß wir z. B. die Technik in all ihren Anwendungen darauf aufbauen können.

Durch die Tatsache des Im-letzten-Indeterminiertseins aller Naturvorgänge wird nichts von der bisherigen Naturerkenntnis im Großen umgestoßen. Umgestoßen wird lediglich unsere Vorstellung von der Absolutheit des Naturgeschehens, d. h. von einer an sich seienden Außenwelt, die allen Naturvorgängen zugrundeliege, und damit wird dem Denken der Neuzeit wiederum ein Stoß versetzt. Für dieses Denken ist die Verabsolutierung von Begrffen kennzeichnend — man findet sie insbesondere bei den Begriffen Zeit, Raum, Naturgesetz, Materie — und davon ist inzwischen einer nach dem anderen seines absoluten Charakters entkleidet worden. Hier wird nun gern die Frage erhoben, inwiefern dies für die Naturgesetzlichkeit wirklich zutrifft, ob man ihr Im-letzten-Indeterminiertsein als gesicherte Erkenntnis bezeichnen darf, ob man nicht vielmehr damit rechnen müsse, daß es sich eines Tages als eine Lücke unserer Erkenntnis erweisen werde, die sich mit weiterem Vordringen der physikalischen Forschung schließen lassen werde. Hierauf antworte ich mit einem klaren Nein, aber die Begründung für die Gewißheit dieser Antwort ist nicht leicht zu geben. Sie ist weniger naturwissenschaftlicher als erkenntnistheoretischer Art. Bestimmte Beobachtungen bei der Untersuchung atomarer Vorgänge führen auf Aussagen, die unserem anschaulich-gedanklichen Durchdringenwollen physikalischer Erkenntnis widerspruchsvoll erscheinen. Trotzdem lassen sie sich in ein mathematisches Gesetz fassen, das uns die gewünschte Aufklärung über den Vorgang liefert. Hier erweist sich die Mathematik als unserem Geiste überlegen und zeigt uns, daß die Unbestimmtheit nicht eine Lücke unserer

Erkenntnis darstellt, sondern im Wesen der Natur liegt. Sie läßt sich im Innersten nicht logisch zergliedern, d. h. von unserem Verstande nicht ohne das Hilfsmittel der Mathematik erfassen. Wir sind gezwungen zuzugeben, daß die Wirklichkeit um uns in ihrer letzten Tiefe anders ist, als wir sie uns vorgestellt haben, anders, als wir sie gern haben möchten. Dies Eingeständnis ist bitter, besonders für den selbstherrlichen Menschen, der meint, die Natur bis in ihre letzten Geheimnisse erforschen zu können oder gar schon erforscht zu haben.

V.

Für jeden von uns ist Materie etwas Substanzielles, Gegenständliches — wir selbst, dieser Tisch, unsere gesamte Umwelt. Nun ist aber die Physik durch ihre Erkenntnisse im atomaren Bereich veranlaßt worden, der Materie eben dies Substanzhafte abzusprechen. Unsere Vorstellung von ihrem absoluten Sein, der Unzerstörbarkeit ihrer letzten Bausteine entspricht nicht der Wirklichkeit. Materie ist Energie, Strahlung, nicht aber Substanz. Auch diese Aussage erscheint ungewohnt, vielleicht sogar paradox. Genügend bekannt ist wohl, daß wir wissenschaftlich jede Materie als aus chemischen Verbindungen und diese als aus Molekülen, d. h. aus Atomen und letztlich aus Elementarteilchen bestehend auffassen, so daß, was wir z. B. als Tisch vor uns sehen, in den Augen des Naturwissenschaftlers nichts anderes ist als ein Gewimmel von ungeheuer vielen kleinsten Teilchen, die mit großer Geschwindigkeit durcheinanderwirbeln und zwischen denen viel »freier Raum« ist. Beispielsweise würden die Elementarteilchen eines Bleiwürfels von 1 m Kantenlänge — für sich allein genommen, sozusagen zusammengedrückt — die Größe eines Stecknadelkopfes ausmachen. Aber in diesen letzten Einheiten der Materie meint man nun wenigstens etwas Festes, Substanz, zu haben und glaubt, daß sie unzerstörbare, unveränderliche, feste Körperchen seien, die durch ihre Lage zueinander und durch ihre Bewegung die Gestalt der Materie mit ihren Eigenschaften (Festigkeit, Farbe, Temperatur, Geruch usw.) bestimmen. Aber auch mit der Auffassung von der Substanzhaftigkeit dieser kleinsten Teilchen hat die heutige Physik aufgeräumt. Was die Elementarteilchen sind und ob sie überhaupt sind, vermögen wir nicht zu sagen. Wir stehen auch hier vor einer Grenze unserer Erkenntnis. Was wir über die Materie aussagen können, formulieren wir in dem Satz: Materie *ist nicht,* Materie *geschieht.* Anders ausgedrückt: Energie kann sich als Materie manifestieren, aber sie selbst erscheint nicht als etwas, das aus sich heraus existiert, also als etwas Absolutes, sondern als etwas, das entstehen, sich verwandeln und auch vergehen kann. Die Frage nun, woher dies Geschehen seinen Ursprung und sein Wesen nimmt, ist ebenso gegenstandslos wie die Fragen: Was war vor dem Zeitbeginn? Was ist außerhalb dieses Weltraumes, wenn er endlich ist? Wir wissen es nicht und merkwürdigerweise brauchen wir, um forschen und arbeiten zu können, auch nicht zu wissen, was Materie oder Energie ist. Die Physik hat es mit Wirkungen zu tun, die im allgemeinen als Schwingungen, d. h. periodische Veränderungen, beobachtet werden. Diese Tatsache der Beobachtbarkeit genügt. Das Schwingungsfeld ist uns gesetzt: Über seinen Ursprung und sein Wesen können wir nichts aussagen, da über dies Gesetztsein hinaus die Beobachtbarkeit aufhört. Wir messen die Wirkungen und registrieren sie, und Kombinationen von Wirkungen, die sich besonders häufig wiederholen, können wir herausheben und Gesetzmäßigkeiten aus ihnen herleiten. Formulierungen von Naturgesetzen sind daher immer nur bei Wirkungen möglich, die sich genügend oft wiederholt haben oder wiederholbar sind. Auch dies zeigt, daß die Naturgesetze nicht das Ganze unserer Erfahrung ausmachen und die Vorstellung von ihrer Absolutheit ein Irrtum des menschlichen Denkens war.

Es hat lange gedauert, bis sich maßgebende Physiker zu der Erkenntnis durchgerungen haben, daß das eigentliche Sein von Materie und Energie für unser Denken nicht erfaßbar ist. Und es gibt viele Physiker, die zu diesem Eingeständnis noch nicht bereit sind. Der Dualismus, der sich z. B. in der Natur des Lichts zeigt, das *sowohl* Wellencharakter *als auch*

Korpuskularstruktur besitzt, ist ein Wesenszug der Wirklichkeit um uns. Wir haben es nicht, wie es im Weltbild der Neuzeit angenommen wurde, mit einer absoluten, an sich seienden Welt um uns zu tun, die als von uns unabhängiges Objekt untersucht werden kann, sondern mit Wirkungen, deren Erscheinung, d. h. die Art, wie sie sich uns manifestieren, davon abhängt, wie wir als Beobachter uns dazu stellen. Das Geschehen um uns ist im letzten nicht mehr trennbar vom beobachtenden Subjekt, die Natur ist nicht objektivierbar.

VI.

Die Fragen nach Ursprung und Wesen der Materie, d. h. der sie in Erscheinung setzenden Energie, sind wissenschaftlich nicht beantwortbar. Auch diese Fragen weisen über unseren Erfahrungsbereich hinaus. Wer aber weiter zu fragen wagt, wird auch hier wieder die eine oder die andere Antwort erhalten, je nach seiner persönlichen, frei zu treffenden Entscheidung: Hat er sich für das Nichts entschieden, so kommt für ihn auch die Energie aus dem Nichts und ist mitsamt der von ihr gebildeten Materie etwas Nichtiges. Glaubt er aber an den persönlichen Gott, so ist für ihn die Energie Teil aus Gottes Ewigkeit, wird von daher erhalten und empfängt von dort ihre Impulse, und sie erscheint ihm als etwas Geistiges. Die Wirklichkeit um uns ist für ihn eine doppelte. Sie bekundet sich ihm als geteilt in einen Vordergrund, der der wissenschaftlichen Beobachtung zugänglich ist, und einen unseren Sinnen und Methoden verborgenen Hintergrund, in dem das vordergründige Geschehen seinen Ursprung hat. Der Hintergrund wirkt, wie es Eddington formuliert hat, als »ein Unbekanntes, das etwas tut, doch wir wissen nicht, was«. Was wir beobachten, ist also ein Geschehen aus einem für uns nicht erfaßbaren Hintergrund oder Untergrund heraus. Das Geschehen selbst tritt uns in Form von Wirkungen entgegen, die wir beobachten, messen, registrieren, deuten können.

Es ist eine überraschende und unbegreifliche Tatsache, die immer wieder neu in Erstaunen versetzen kann, daß dieses

Tun des Unbekannten sich in mathematische Gesetze fassen läßt und das Geschehen auch weiterhin nach diesen Gesetzen sich abspielt. Mehr noch: Das Erkennen des Unbekannten, das etwas tut, das Innewerden des Abgrunds, über dem unsere Wirklichkeit gehalten wird, gleicht — wie C. F. von Weizsäcker sagt — dem »Erschrecken des Menschen vor Gott«. So ist es verständlich, daß sich heute immer wieder Naturwissenschaftler getrieben fühlen, von diesem Erkennen Kunde zu geben. Dabei unterscheiden sie jedoch klar zwischen der Erkenntnis, die aus dem Glauben an den persönlichen Gott gewonnen wird — sie erreicht uns nicht auf dem Wege über den Verstand, sondern läßt uns auf andere Art ihrer gewiß werden — und der wissenschaftlichen Erkenntnis, die sich dem Denken erschließt.

Die Naturwissenschaft kann nichts über Dinge des Glaubens aussagen, auch nicht zu ihnen hinführen. Der Ungläubige, d. h. der nicht an einen persönlichen, in Natur und Geschichte handelnd eingreifenden Gott Glaubende wird für das »Unbekannte, das etwas tut« kein Organ haben und nur sagen: Dort ist nichts und aus diesem Nichts heraus kommen die Wirkungen. Damit begnügt er sich, registriert diese Wirkungen und macht sie sich dienstbar. Der glaubende Mensch dagegen sieht beim Erleben der Wirklichkeit sich Gottes Schöpferkraft unmittelbar gegenüber. Nicht als ob der Glaube eine solche Bestätigung brauchte oder gesucht hätte — sie wird als freudige Gewißheit geschenkt, zugleich aber auch als eine Gewißheit, die auf die Knie zwingt.

Ich bin am Ende meiner Ausführungen und fasse das Wesentliche wie folgt zusammen:

1. Die Vorstellungen im Weltbild der Neuzeit von der Unendlichkeit der Welt, von der Absolutheit des Raumes und der Zeit, von der Vorherbestimmtheit des Naturgeschehens, von der Substanzhaftigkeit und dem Aus-sich-heraus-Bestehen der Materie, von der Objektivierbarkeit der Natur u. a. sind Gedankenkonstruktionen des Menschen, die wissenschaftlich nicht begründbar sind. Man muß sie als Götzen ansehen, an die die Menschen des Abendlandes geglaubt und an denen

sie Halt gesucht haben, da die Verbindung zu Gott nicht mehr bestand.

2. Diese Götzen sind zerschlagen, und es war der Naturwissenschaft selbst vergönnt, sie zu stürzen. Die zerschlagenen Götzen geben Raum für ein Glauben an das Handeln Gottes in Natur und Geschichte und geben dem, der glauben will, den Weg frei für den christlichen Glauben ohne ein sacrificium intellectus. Es ist eine Wirklichkeit denkbar — verborgen wie Gott selbst — in der alles vordergründige Geschehen seinen Ursprung hat, das Alltägliche, Gewohnte, gesetzmäßig Erfaßbare sowohl wie das Seltene, Einmalige, Wunderbare.

3. Zu dieser Wirklichkeit kann die Wissenschaft nicht hinführen, über sie kann sie nichts aussagen, nicht einmal, ob sie existiert oder nicht. Der Wissenschaftler braucht nichts davon zu wissen, um arbeiten zu können. Doch er kann diese Wirklichkeit erfahren — durch ein Innewerden, das er nicht herbeiführen, aber erbitten kann und das seinen Weg nicht über den Verstand nimmt. Von einer solchen Erfahrung kann er nur Zeugnis ablegen — nicht anders als die Glaubenszeugen der Bibel.

4. Der einzelne ist aufgerufen, sich diesem Zeugnis zu stellen, sich freizumachen von überlieferten Anschauungen und alten Denkgewohnheiten, offen zu sein für ein persönliches Erleben der Wirklichkeit Gottes und frei sich selbst zu entscheiden. Hier heißt es dann: Fürchte dich nicht, glaube nur! Und die Wahrheit, die dem »Credere aude« geschenkt wird, hält auch jedem »Sapere aude« stand.

5. Der Zugang zur Bibel ist dann offen. Sie zeugt von dieser Wahrheit und kommt dem denkenden Menschen genau dort entgegen, wo die Wissenschaft nicht mehr weiterführen kann. Die Bibel ist nicht nur ein Buch für Dumme und Einfältige, sondern sie enthält Erkenntnis auch für Kluge und Weise. Auch ein Wissenschaftler kann auf diese Erkenntnisquelle nicht verzichten. An jeden ergeht der Ruf:

Komm und sieh! Nimm und lies!

Diskussion

Frage: Sie sprachen von der geistigen Entwicklung des Abendlandes und dem Mündigwerden des Menschen, mit dem ein Verlust des Glaubenkönnens parallel ging. Hätte man diese Entwicklung um des Glaubens willen vermeiden sollen bzw. welchen Gewinn sehen Sie in der Mündigkeit des Menschen?

Antwort: Zweifellos hätte man die geistige Entwicklung weder verhindern können noch verhindern sollen. Für mich liegt sie mit all ihren Erkenntnissen und technischen Anwendungen durchaus im Rahmen des Schöpfungsauftrages an den Menschen: Macht euch die Erde untertan (1. Mose 1, 28). Insofern ist die Beherrschung und Nutzbarmachung der Naturkräfte ein Gewinn. Die Kehrseite ist, daß der mündige Mensch weithin der autonome Mensch geworden ist und als solcher seine Erkenntnisse nicht immer richtig anzuwenden weiß, sie also auch mißbrauchen kann.

Frage: Meinen Sie, daß eine neue Ethik dem Mißbrauch der Erkenntnisse abhelfen könnte? Man hört zuweilen sagen, daß die ethische Entwicklung des Menschen hinter der technischen Entwicklung zurückgeblieben wäre.

Antwort: Nein, meines Erachtens wird eine neue Ethik — so nützlich sie sein könnte — dem Übel nicht steuern. Der Fehler liegt tiefer. Der Mensch muß wieder in die Abhängigkeit von Gott zurück, aus der er sich gelöst hat. Die grundsätzlich neue Entdeckung für den Menschen zu Beginn der Neuzeit war, daß die Offenbarungswirklichkeit Gottes eine andere Wirklichkeit neben sich hat, die der Mensch aus eigener Kraft und mit eigenen Mitteln erforschen und sich dienstbar machen kann. Von da an hat im Bewußtsein des Menschen die irdische Wirklichkeit mehr und mehr die Vorrangstellung eingenommen und die Wirklichkeit Gottes verdrängt. Die Hilfe kann nur dadurch kommen, daß das Verdrängte wieder in die Ganzheit des Menschseins integriert wird.

Frage: Wodurch ist Ihrer Meinung nach der Glaube an die Absolutheit von Raum, Zeit, Materie und Naturgesetz entstanden?

Antwort: Im Grunde durch eine unerlaubte Extrapolation. Nach der Entdeckung, daß die uns umgebende Wirklichkeit dem Erkenntnisvermögen des Menschen offen steht, setzte sich mehr und mehr die Überzeugung durch, man habe es nur mit der realen, objektiven Außenwelt zu tun, die durch Beobachtung und Experiment erfahrbar ist. Diese Überzeugung drang auch in die Bereiche der Philosophie ein und führte zu naturphilosophischen Systemen, bei denen naturwissenschaftliche Begriffe und Prinzipien sozusagen dogmatisiert wurden. Schließlich wurden die Grundlagen der klassischen Physik, insbesondere der Mechanik, zu Urteilen a priori. Von da aus kam es durch eine naheliegende, aber unzulässige Extrapolation zu der Vorstellung, sie seien absolut, d. h. überall und allezeit gültig.

Frage: Im Vortrag sprachen Sie von der Gesichertheit heutiger Naturerkenntnis. Kann man das wirklich sagen? Muß man nicht grundsätzlich damit rechnen, daß die derzeitige Sicht überwunden und einem wiederum neuen Verständnis der Natur Platz machen wird?

Antwort: Gewiß wird die physikalische Forschung immer weiter voranschreiten und immer tiefer in die Zusammenhänge des Naturgeschehens eindringen. Bitte beachten Sie aber, daß die Ergebnisse der modernen Physik zwar das naturwissenschaftliche Weltbild des vergangenen Jahrhunderts hinsichtlich seiner Absolutheit widerlegt, aber nicht umgestürzt haben — in dem Sinne, daß ein völlig Neues an seine Stelle getreten wäre. Es ist nur von Vorstellungen befreit worden, die — wie der Glaube an die Absolutheit von Raum, Zeit, Materie, Naturgesetz — in dieses Weltbild hineingelegt, aber nie naturwissenschaftliche Erkenntnis waren. Was im Weltbild gesicherte Erkenntnis war — wie die klassische Mechanik, Optik, Akustik, Elektrizitätslehre, Wärmelehre u. a. — gilt heute wie zuvor, ist Bestandteil auch des neuen Naturbildes. Ebenso wird das, was heute gesicherte Erkenntnis ist, d. h. was sich theoretisch und experimentell wieder und wieder bestätigt, im weiteren Ausbau des Naturbildes seinen Platz behalten.

Frage: Sie haben in Ihrem Vortrag zuletzt dem »Sapere aude« der Aufklärung das »Credere aude« der Bibel zur Seite gestellt. Wollen Sie damit sagen, daß der Glaube dort einsetzt, wo das Denken nicht mehr weiter kommt?

Antwort: Nein, keineswegs! Im Grunde geht der Glaube dem Denken und Erkennen voraus. Das gilt zunächst für den wissenschaftlichen Bereich, wenn das Wort »Glaube« ganz allgemein verstanden wird. Denn bei seiner Arbeit vertraut der Wissenschaftler auf die Richtigkeit der Hypothese, die er untersucht, obwohl ihm die genaue Erkenntnis noch fehlt. Er rechnet mit ihrem Zutreffen, baut seine Methoden und Experimente darauf auf und ist bemüht zu beweisen, daß sein »Glaube« sich als richtig herausstellen wird. Daß das nicht immer gelingt, ist eine andere Frage. Entsprechend gilt die Reihenfolge »Glauben und Erkennen« für die Wirklichkeit Gottes. Es wird z. B. von Petrus zu Jesus hin bekannt: »Wir haben *geglaubt und erkannt,* daß du der Heilige Gottes bist« (Joh. 6, 69). Ähnlich heißt es in der biblischen Definition des Glaubens (Hebr. 11, 1): »Es ist aber der Glaube eine Zuversicht auf das, was man hofft, eine Überzeugung von Dingen, die man nicht sieht.« Hier geht auch das *Vertrauen* auf die Verheißungen Gottes (das, was man hofft) dem *Nichtzweifeln* an der unsichtbaren Wirklichkeit Gottes (das, was man nicht sieht) voraus.

I.

Wer als Hochschullehrer und Vertreter der exakten Naturwissenschaften vor Studenten steht, ist so sehr daran gewöhnt, konkrete Ergebnisse vorzutragen und zu begründen, daß er sich nicht ohne Bedenken von der unangreifbaren, rational gesicherten Basis seiner Fachwissenschaft löst, um sozusagen ungeschützt davon zu sprechen, wie er sich persönlich auf Grund wissenschaftlicher Ergebnisse in dieser Welt zurechtfindet. Doch meine ich, die Jüngeren dürfen von uns Älteren verlangen, daß wir ihnen nicht nur sachlich das notwendige Wissen vermitteln, sondern sie von Zeit zu Zeit auch an unseren Versuchen Anteil nehmen lassen, vom Wissen her das persönliche Leben zu bilden. So geht es mir in diesen Ausführungen nicht so sehr um einige grundlegende Ergebnisse der modernen Physik, als vielmehr um die Folgerungen, die sich daraus für unser Denken und für die Sinngebung unseres Lebens gewinnen lassen. Ich halte es für notwendig, einmal deutlich zu machen, daß wir heutigen Menschen — geistesgeschichtlich gesehen — in einem der bedeutsamsten Zeitabschnitte leben, die der Menschheit je geschenkt wurden.

Die Ergebnisse der Physik haben gewiß ihre hohe praktische Bedeutung, indem sie die Natur besser verstehen lehren, neue Anwendungen ermöglichen und neue Kraftquellen erschließen. Doch dürfen darüber nicht die theoretischen, insbesondere erkenntnistheoretischen Fortschritte übersehen werden, die gerade aus der Mathematik und modernen Physik erwachsen. Sie haben Mathematiker und Physiker gezwungen umzudenken, so daß wir uns für die Mathematik eine neue Logik, für die Physik eine neue Erkenntnistheorie schaffen mußten. Was uns von Plato und Aristoteles und anderen

[2] Erstmals erschienen in der Reihe »Biblische Universitätsschriften« des R. Brockhaus Verlages, Wuppertal 1953.

großen Denkern der Vergangenheit in dieser Hinsicht überliefert worden ist, reicht nicht aus, um die Erscheinungen zu erfassen, vor die wir in diesem Jahrhundert bei der wissenschaftlichen Erforschung der Natur gestellt wurden, und ich behaupte nicht zu viel, wenn ich sage, daß dieses neue in der Physik entwickelte Denken über kurz oder lang auch für die Geisteswissenschaften, für Philosophie und Geschichte bis hin zur Theologie beispielhaft werden wird. Bei diesem neuen Denken handelt es sich nämlich nicht nur um eine Spekulation, nicht um eine aus menschlichem Geiste geborene neue Weltanschauung, die einmal wieder einer anderen Platz zu machen hätte, sondern dieses neue Denken ist an der Wirklichkeit um uns geformt und ihr in harter wissenschaftlicher Arbeit abgerungen. Diese Wirklichkeit ist anders, als wir sie uns gedacht hatten und man sie sich gemeinhin noch heute vorstellt, und es ist für jeden an der Zeit, davon Kenntnis zu nehmen und sich darauf einzustellen.

Gewiß, für unser Alltagsleben ist dies neue Denken noch nicht unmittelbar von Bedeutung. Wenn wir uns aber über den Alltag, über das Alltägliche hinausheben wollen, wenn wir darüber nachzudenken beginnen, in welche Wirklichkeit wir hineingestellt sind — und die Existenzphilosophie hat das menschliche Dasein besonders deutlich erkannt als ein Hineingeworfensein in das Da, durch das wir uns ohne unser Zutun vorfinden in einer ganz bestimmten geschichtlichen Situation, an einem ganz bestimmten Ort, zu einer ganz bestimmten Zeit — und wenn wir weiter darüber nachdenken, in welchem Verhältnis wir wohl zu dieser Wirklichkeit um uns stehen, dann — meine ich — ist es doch wohl wesentlich, was für eine Vorstellung von der Wirklichkeit wir haben. Das Wirklichkeitsverständnis der Physik hat sich nun ganz entscheidend gewandelt. Das sogenannte Weltbild der Neuzeit, das bis in dieses Jahrhundert hinein seine Gültigkeit beansprucht hatte, ist überwunden und damit auch manche altgewohnte Vorstellung und manche uns ganz selbstverständlich erscheinende und liebgewordene Denkgewohnheit.

Das der Zeit des Rationalismus und des Mechanismus entsprechende Weltbild der Neuzeit zeichnete sich dadurch aus, daß es keine Grenzen kannte, weil es keine Grenzen dulden wollte. Hatte man doch im Namen der Naturwissenschaft den Menschen aus der Enge des mittelalterlichen Weltbildes herausgeführt und aus den Fesseln eines angeblich darin gefangenen Glaubens befreit, hatte ihm Raum und Zeit ins Unendliche geweitet und für die menschliche Vernunft die Fähigkeit, grundsätzlich alles zu erkennen, proklamiert, um ihn dadurch frei und unabhängig zu machen und ihm die Furcht vor der Ungewißheit der Zukunft zu nehmen. Wir Heutigen wissen, daß dies nicht gelungen ist. Woran lag das? War das Weltbild schuld? Kann uns ein neues Weltbild nützen?

Nun, das alte Weltbild ist zwar überwunden, aber ein neues besitzen wir nicht, jedenfalls nicht in dem umfassenden Sinn, wie die Neuzeit es zu haben meinte. Wir sprechen heute bescheidener von einem *Naturbild*. Darin liegt ein wesentlicher Unterschied. Die neue Physik, deren Erkenntnisse viel umfassender sind und tiefer reichen als die der klassischen Physik, beansprucht trotzdem nicht mehr, das Ganze der Wirklichkeit erfassen oder beschreiben zu können. Wir haben nach und nach einsehen gelernt, daß uns Grenzen gesetzt sind — nicht nur Grenzen für unsere Zuständigkeit, nicht nur Grenzen unseres Wissens, sondern auch unüberwindbare Grenzen für unser Vordringen, Grenzen für unser Anschauungsvermögen, Grenzen für unser verstandesmäßiges Erkennen. Und das Überraschende ist, daß erst das Anerkennen dieser Grenzen uns innerlich frei macht und damit die Möglichkeit gewährt, unser Leben recht zu gestalten. Ich will zunächst von diesen Grenzen und dann von der durch sie ermöglichten Freiheit sprechen.

II.

Wenn man versuchen will, das grundlegend Neue im heutigen Wirklichkeitsverständnis der Physik mit einem Wort zu kennzeichnen, so kann man sagen, daß sich eine *umfassende Relativierung* in unseren Vorstellungen über die Natur vollzogen hat. Relativieren heißt dabei, etwas, das man als absolut, als unbedingt, von anderem unabhängig angesehen hat, als abgeleitet, als bedingt, von anderem abhängig zu erkennen. Das Weltbild der Neuzeit sprach von einem euklidischen Raum, der sich nach allen Richtungen ins Unendliche erstreckt, von einer unabhängig davon seit Ewigkeiten ablaufenden Zeit und von einer Materie, die aus unzerstörbaren, unveränderlichen Bausteinen, den Atomen, besteht, die ebenfalls seit Ewigkeiten vorhanden sind, und an der sich alles Geschehen im Raum nach ewig unabänderlichen Gesetzen abspielt. Hier war alles verabsolutiert: der Raum, die Zeit, die Materie, die Naturgesetze, und man war der Meinung, das müsse notwendig so sein, es gäbe keine andere Denkmöglichkeit.

Alle diese Begriffe und Vorstellungen mußten aber relativiert werden, und zwar waren es die Ergebnisse exakter wissenschaftlicher Arbeit, die die Physiker beim tieferen Eindringen in die Naturvorgänge veranlaßten, die alten Vorstellungen aufzugeben. Ganz neue Denkmöglichkeiten haben sich aufgetan, die die Wirklichkeit um uns besser beschreiben, als es im Weltbild der Neuzeit geschah, unserer Erfahrung nicht widersprechen und zum großen Teil bereits experimentell bestätigt sind. Das Weltall darf als ein — allerdings nur mathematisch erfaßbarer — nichteuklidischer, gekrümmter Raum angesehen werden, der ein endliches Volumen besitzt und erst nach und nach mit der sich ausbreitenden Materie entsteht. Raum und Zeit hängen voneinander ab und sind ihrerseits durch die Materie bedingt. Auch die Zeit ist endlich, d. h. die im Weltall vorhandenen Sternhaufen haben ein endliches Alter, etwa 12–14 Milliarden Jahre. Die Naturgesetze sind nicht absolut, sondern sind letztlich nur Wahrscheinlichkeitsaussagen, und die Materie ist nicht unzerstörbar, nicht etwas, das aus sich selbst heraus besteht, das Sein nichts Objektives.

Unser Wirklichkeitsverständnis von heute sieht also als erste Grenzen die *Endlichkeit von Raum und Zeit*. Die Endlichkeit des Weltalters weist auf einen zeitlichen Nullpunkt hin, in dem das Weltall und mit ihm Raum und Zeit ihren Anfang nahmen, die für uns ja nur deshalb bestehen, weil und soweit wir periodische Bewegungen von Körpern beobachten können. Die Fragen, was »außerhalb des Raumes« sei, wenn dieser endlich ist, oder was »vor dem Zeitbeginn« gewesen sei, sind zwar vom alten Weltbild mit seinen alten Kategorien und Denkgewohnheiten verständlich. Sie sind aber im wissenschaftlichen Sinne gegenstandslos. Wir können als Naturwissenschaftler nur dort fragen, wo wir beobachten können.

Am revolutionierendsten für unser Denken ist aber die Relativierung des Materiellen. Hierbei stoßen wir auf die entscheidende Grenze, die *Grenze für Materie und Sein*, die zugleich offenbar macht, daß unserem Anschauungsvermögen und unserem Verstandeserkennen Grenzen gesetzt sind. Jede Materie betrachten wir als aus chemischen Verbindungen, diese wiederum aus Molekülen und damit aus Atomen, also letztlich aus Elementarteilchen (Elektronen, Protonen usw.) bestehend. Diese letzten Bausteine der Materie sind aber selbst nichts Materielles, nichts Gegenständliches. Jede substanzhafte Vorstellung, die wir uns von ihnen machen, ist in sich falsch. Materie erweist sich nur als eine Erscheinungsform von Energie, doch wissen wir nicht, was Energie ist.

Etwas vereinfacht darf man sagen, Materie *ist* nicht, Materie *ereignet* sich. Will man sich durchaus die Elementarteilchen vorstellen, so mag man sie sich etwa als Energieballungen in einem Schwingungsfeld (Kraftfeld) denken, die sich mit großer Geschwindigkeit fortpflanzen, sich um andere, entgegengesetzt geladene Energieballungen (die Kerne) bewegen und so Atome manifestieren, die sich zu Molekülen vereinigen, aus denen sich schließlich die verschiedenen Arten von Materie zusammensetzen. Das Schwingungsfeld mit all seinen Manifestierungen von Elementarteilchen ist uns *gesetzt* — wir wissen jedoch nicht, *warum* es ist, nicht, warum es *so* ist; hier ist die Grenze des Erkennens selbst, über die wir ebensowenig hinwegkommen wie über die Grenzen von Raum und Zeit — und aus diesem Gesetztsein stammt die Gesetzlichkeit, die wir beobachten, statistisch erfassen und mathematisch beschreiben können.

Auch hier ist die Frage, was die Elementarteilchen seien und wo sie herkommen, gegenstandslos. Unser Erfahrungsbereich setzt erst ein, wenn sie sich manifestiert haben. Auch dann sind sie in ihren Eigenschaften nicht voll bestimmbar. Über unseren Erfahrungsbereich hinaus aber hört jede Beobachtungsmöglichkeit auf. Sie sind zweifellos nichts Gegenständliches, da die Kernphysik zeigt, daß es sinnlos ist, von einem Elementarteilchen zu behaupten, es sei zu einem gegebenen Zeitpunkt an einer bestimmten Stelle im Raume — eine Eigenschaft, die wir jedem Gegenstand zuschreiben. Sie sind lediglich als ideelle Einheiten vorhanden, mit denen die Physik rechnet, zwischen denen sie Relationen aufstellt und auf die sie schließlich — so unbegreiflich es klingt — alle Anwendungen in der Technik gründet.

Um das »Sein« der Elementarteilchen und damit jeder Materie neu zu begreifen, müssen wir von dem bisherigen Begriff des Seins als etwas »an sich Seienden«, als etwas »Absolutem« abgehen. Dem Elementarteilchen oder dem Atom, dem Molekül oder Materiestück kommen keine Eigenschaften (Qualitäten) an sich zu. Die Unterscheidung in subjektive (sekundäre) Qualitäten wie Farbe, Temperatur, Geschmack usw. und objektive (primäre) Qualitäten wie Ort, Ausdehnung, Bewegung muß hier aufgegeben werden. Heute müssen *alle* Qualitäten als subjektiv, d. h. als abgeleitet angesehen werden; die Natur ist *ihrem Wesen nach nicht objektivierbar.* Erst das Experiment, das wir anstellen, erzwingt von den Atomen Angabe eines Ortes, einer Farbe, einer Wärmemenge usw. In dem bekannten Streit über die Natur des Lichts — ob Wellen- oder Korpuskularerscheinung — ist man so lange noch in dem veralteten Denken der Neuzeit befangen, wie man meint, das Licht könne doch nur *entweder* von der einen *oder* von der anderen Art sein, entweder eine Wellenbewegung oder eine Korpuskularerscheinung, aber nicht beides zugleich. Diesem Entweder-Oder liegt die Vorstellung von einem objektiven Sein zugrunde, das es zu »erkennen« gilt. Wir müssen jedoch, um der Wirklichkeit um uns gerecht zu werden, den Seinsbegriff ebenfalls relativieren und sagen, das Licht *ist* tatsächlich in dem einen Experiment eine Wellenbewegung, und es *ist* tatsächlich in dem anderen Experiment eine Korpuskularerscheinung. Hier weist also ein und dasselbe physikalische Phänomen zwei grundverschiedene Seinsarten auf, die beide objektiv und wirklich sind. Es gibt mithin im Bereich der wissenschaftlich erforschbaren Natur kein absolutes, unabhängiges Sein, sondern *die Frage nach dem Sein darf nicht losgelöst werden von dem Experiment, mit dem man die Frage stellt.*

Diese grundlegend neue Sachlage sei noch von einer anderen Seite her beleuchtet, die zugleich den inneren Grund aufdeckt, warum wir den Übergang zu den neuen Vorstellungen vollzogen haben. In der Denkweise der klassischen Mechanik sah man die den Sinnen zugänglichen Vorgänge — die Phänomene — als abgeleitet an und die sie erzeugenden Bausteine der Materie — die Atome — als das Reale, als eine hinter den Phänomenen liegende objektive Realität. Heute dagegen verstehen wir die Phänomene als real und objektiv, d. h. wir wissen, ein von uns beobachteter Vorgang ist auch wirklich so abgelaufen, und verzichten bei den Atomen auf die Vorstellung einer solchen Realität. Ihnen sowie den Elementarteilchen kommen die räumlichen und mechanischen Eigenschaften, die sie aufweisen, nicht »an sich« zu, sondern nur so weit, wie sie bei Versuchen beobachtbar gemacht werden. Gewiß kann ihr Verhalten in vielen Versuchen mit den Begriffen der klassischen Mechanik beschrieben werden, und deren Gesetze gelten dann überall, wo sie unmittelbar nachgeprüft werden können. Aber bei anderen Versuchen, etwa in bezug auf das chemische Verhalten eines Atoms, insbesondere seine den Gesetzen der Mechanik widersprechende Stabilität, sind nichtmechanische Begriffe und Gesetze erforderlich. Dies zeigt wieder — wie beim Licht — die beiden einander ausschließenden, komplementären Verhaltensweisen der Bausteine der Materie.

Wir müssen also in unseren bisherigen Vorstellungen von physikalischer Realität eine *Umkehrung* vornehmen: Bei physikalischen Vorgängen sind nicht der Untergrund als real und die Phänomene als von dort abgeleitet zu verstehen, sondern der Untergrund muß als abgeleitet und die Phänomene als das Reale, Wirkliche verstanden werden. Dabei bleibt vollständig offen, woher der Untergrund, wenn vorhanden, abgeleitet ist. Wir stoßen hier auf eine Grenze unseres Erkennens — und erkennen sie an. Denn durch die Umkehrung in der Anordnung der Realitätsverhältnisse gewinnen wir Entscheidendes. Erst diese Neuordnung der Wirklichkeit hat es z. B. möglich gemacht, die Begriffssysteme von Chemie und Mechanik widerspruchslos zusammenzufügen, d. h. Chemie und Physik zu *einem* Wissenschaftsgebiet zu verschmelzen. Der Gewinn einer solchen Vereinheitlichung in der Beschreibung von Naturgesetzlichkeiten ist für uns zwingend genug, um von bisherigen Vorstellungen abzugehen, deren Notwendigkeit ohnehin nicht feststeht. Gewiß, die alten Vorstellungen sind im allgemeinen anschaulicher. Aber wer sagt uns, daß die Wirklichkeit anschaulich beschreibbar sein muß? Der Dualismus in der Natur des Lichts liegt im Wesen dieses physikalischen Vorgangs. Wir dürfen nicht die Wirklichkeit unserer Anschauung zuliebe zurechtbiegen wollen, sondern müssen uns damit abfinden, daß unser Anschauungsvermögen nicht ausreicht, diese Wirklichkeit in ihren letzten Gegebenheiten zu erfassen.

Die Grenze, auf die unser Erkennen hier stößt, läßt sich vielleicht am besten so verdeutlichen, wie es Eddington getan hat: Die Wirklichkeit ist für uns *nur als vordergründiges Geschehen* vorhanden, beobachtbar und als solches objektiv. Was etwa diesem vordergründigen Geschehen zugrundeliegt, woher es seinen Ursprung nimmt, entzieht sich unserer Beobachtung und ist daher in *jeder* Hinsicht unbekannt. Wir geben damit im Grunde nur etwas zu, was zur Zeit des mechanistischen Weltbildes verschwiegen wurde. Denn deren Vertreter haben ja auch nicht sagen können, wo die von ihnen angenommene »Realität« der Atome ihren Ursprung habe. Sie postulierten einfach oder glaubten den ewigen Bestand der Materie. Der Naturwissenschaftler von heute ist Agnostiker. Er läßt die Frage nach einem etwaigen Untergrund des Geschehens bewußt offen. Er gibt zu, daß wir nicht wissen, was er ist, warum er ist und ob er überhaupt ist. Wir selbst und die den Sinnen und dem Verstand zugängliche Umwelt schweben sozusagen über einem Abgrund, im Leeren, und der Schock, den man empfindet, wenn man diesen Sachverhalt erkennt, gleicht dem Erschrecken des mittelalterlichen Menschen, der die Erde plötzlich als Kugel im Weltenraum um sich selbst und um die Sonne kreisend erkennen lernen mußte.

III.

Ich könnte hier abbrechen und nur noch die Hoffnung äußern, daß der Leser beim Überdenken meiner Ausführungen und bei der weiteren Vertiefung in diese Gedankengänge[3] selbst zur Anerkennung dieser letzten Grenze von Materie und Sein und damit zu jenem Punkt hingeführt wird, wo er den genannten Schock erfahren kann. Doch habe ich eingangs erwähnt, daß ich nicht bei der wissenschaftlichen Neutralität stehen bleiben, sondern mich als Mensch äußern möchte, der die Trennung in einen wissenschaftlichen und einen persönlichen Bereich als unbefriedigend empfindet, sobald es um existenzielle Fragen geht, d. h. um Fragen, die eine Entscheidung fordern. C. F. von Weizsäcker sagte in einem seiner Vorträge, daß jener Schock bei dem Bewußtwerden des Abgrunds in und unter uns dem »Erschrecken des Menschen vor Gott« gleicht. Ich möchte auch von mir aus einiges dazu sagen.

Ich beginne mit der Frage, worin die Freiheit besteht, die durch Anerkennung jener Grenzen ermöglicht wird, die ich aufzuzeigen versucht habe. Zunächst scheint mir wichtig, noch einmal darauf hinzuweisen, daß das überwundene Weltbild der Neuzeit keine eigentliche Freiheit zuließ. Man hatte zwar die Grenzen bis in die Unendlichkeit hinausgeschoben, aber die Verabsolutierung der Naturgesetze, die strenge Determiniertheit alles Geschehens — die man sozusagen als Korrelat nötig hatte, um in dieser Unendlichkeit einen festen Halt zu haben — standen im Widerspruch zu jeder persönlichen Freiheit. Die Philosophien der letzten 200 Jahre sind ein einzi-

---

[3] Ich nenne als Quellen, aus denen ich geschöpft habe: *W. Heisenberg*, Wandlungen in den Grundlagen der Naturwissenschaft, Verlag Hirzel, Leipzig 1945; *C. F. von Weizsäcker*, Zum Weltbild der Physik, Verlag Hirzel, Leizpig 1949; *K. Heim*, Die Wandlung im naturwissenschaftlichen Weltbild, Furche-Verlag Hamburg 1951.

ges Ringen um das Problem: Kausalgesetz und Willensfreiheit. Allein die Tatsache, daß dieses Problem allen, auch den scharfsinnigsten Versuchen gegenüber sich als unlösbar erwiesen hat, sollte die Frage nahelegen, ob es sich hier überhaupt um ein Problem handelt, ob nicht vielmehr ein Scheinproblem vorliegt, weil einer der beiden gegenübergestellten gegensätzlichen Begriffe nicht existiert, zum mindesten nicht in der im Problem angenommenen Absolutheit? Ich will zu dieser Frage hier nur bemerken, daß die Determiniertheit der Naturgesetze im Großen sich als Grenzfall der Naturgesetzlichkeit im Kleinen ergibt und diese in der Tat im letzten indeterminiert ist.

Dem Weltbild der Neuzeit gegenüber geben die neuen Erkenntnisse der Physik, sofern sie uns zur Anerkennung der Grenzen führen, als erstes ein Gefühl der *Ungesichertheit*. Das Wirklichkeitsverhältnis der heutigen Physik nimmt uns jeden Halt. Es zerschlägt uns Stützen, an die wir uns zu klammern pflegen, es raubt uns die Absoluta, an die wir geglaubt haben oder noch glauben wie an Götzen: Raum und Zeit, Gesetz und Sein waren doch feststehende Ordnungen, in denen wir lebten, und auf denen wir auch unsere menschlichen Ordnungen mit ihren Begriffen von Ethik und Moral aufbauten. Aber auch diese sind uns zerschlagen worden. Die meisten von uns haben in ihrem persönlichen Leben der letzten Jahre und Jahrzehnte erfahren müssen, daß alle menschlichen Werte, Maßstäbe und Normen relativ sind. Wir sind, wie es die Existenzphilosophie entdeckt und so zutreffend formuliert hat, gehalten über einem Abgrund, dem Nichts, allein mit uns selbst und aufgefordert, den Sinn des Lebens in uns selbst, in einem dauernden Abstoßen von diesem Nichts zu suchen. Das neue Wirklichkeitsverständnis der Physik geht damit parallel (von der Sinngebung abgesehen, die nicht Aufgabe der Physik ist).

In der Situation des Menschen in der Welt kann heute auch die Naturwissenschaft keine Stütze mehr geben, und das ist gut so. Denn in dieser existenziellen Ungesichertheit haben wir wieder die *Freiheit zu wählen*, uns zu entscheiden, und diese Freiheit ist es, die uns eigentlich erst zu Menschen macht.

Was aber sollen wir wählen? Wer legt uns die Möglichkeiten vor, zwischen denen wir uns entscheiden sollen? Religionen bieten sich an, ebenso Philosophien und Weltanschauungen in großer Zahl, aber in alledem zeichnen sich nur zwei Möglichkeiten ab, die wirklich über unseren vordergründigen Erfahrungsbereich hinauszugreifen und hinsichtlich des ihm vielleicht zugehörigen Urgrundes Stellung zu nehmen wagen: ihn zu leugnen oder ihn anzuerkennen. Wie aber soll, sofern wir von uns aus, mit unserem Denken und Forschen dort nicht eindringen können, eine Entscheidung möglich sein, wenn uns nicht von dorther ein Ruf erreicht? Es ist gut, wiederhole ich, daß wir unsere allseitige Ungesichertheit erkannt haben, daß uns die Naturwissenschaft keine scheinbaren Stützen mehr geben kann. Denn sie hat uns jahrhundertelang gehindert, den an uns gerichteten Ruf zu vernehmen: »Ich habe euch Leben und Tod, Segen und Fluch vorgelegt, daß du das Leben erwählest« (5. Mos. 30, 19). Jetzt aber können wir uns in aller Freiheit entscheiden, unbehindert von einem Dafür oder Dagegen wissenschaftlicher Argumente:

Entweder wir bekennen uns zu dem Nichts und gehen den Weg des selbstherrlichen Menschen. Dann leugnen wir den Urgrund, und für uns ist außerhalb dieses Weltalls nichts, vor dem Zeitbeginn nichts und auch das vordergründige Geschehen, die unserer Beobachtung zugängliche Wirklichkeit, nimmt für uns seinen Ursprung aus dem Nichts. Dann wird die Welt vom Prinzip des Zufalls und der Auslese, vom Kampf ums Dasein und vom Willen zur Macht regiert. Dann gibt der Mensch sich selbst den Sinn seines Lebens und sucht ihn in der Haltung, mit der er dem Tode, d. h. dem Nichts, entgegengeht, aus dem er gekommen ist.

Oder wir bekennen uns zu einem Schöpfer und wissen, daß wir als seine Geschöpfe den Sinn unseres Lebens durch ihn empfangen. Dann erkennen wir den Urgrund an als Zeichen seiner Macht. Dann ist für uns außerhalb dieses Weltalls seine Ewigkeit, vor dem Zeitbeginn seine Ewigkeit und von ihm her auch der Urgrund, aus dem heraus das vordergründige Geschehen, unsere Wirklichkeit, nach seinem Willen hervorgeht. Dann wird die Welt von ihm regiert und geht dem von ihm gesetzten Ziele zu, auch wenn viele Menschen sich nach Kräften bemühen, seine Ordnung zu zerstören.

Beide Möglichkeiten der Wahl sind mit der heutigen Wirklichkeitserkenntnis der Physik vereinbar. Darin liegt die große Freiheit, die wir Heutigen unseren Vorfahren voraus haben. Wir sollten sie nutzen!

Um nicht mißverstanden zu werden, möchte ich noch etwas einfügen. Wenn ich dem Bekenntnis zum Nichts das Bekenntnis zum Schöpfer gegenüberstelle, so meine ich damit nicht, daß wir von uns auf dem Wege über die Naturerkenntnis einen Zugang zu Gott finden könnten. Vielmehr will ich damit zunächst die mancherlei Vorstellungen ausschließen, die die Menschen sich vom Göttlichen gemacht haben. Das Göttliche als Idee, als reine Vernunft, als höchstes Wesen, als Allnatur oder Allseele usw. sind Versuche, Gott vom Menschen her zu begreifen. All dies bleibt daher noch in dem vordergründigen Bereich und sieht die Grenze, den Abgrund nicht, den ich erwähnte. Sodann meine ich: Wer auf diese Grenze gestoßen ist und sie anerkennt, hört auf, darüber zu philosophieren, was wohl jenseits dieser Grenze sein könnte. Er spürt, daß es unmittelbar ihn selbst angeht, daß hier eine vielleicht lang unterdrückte Frage aufsteht, die Antwort heischt. Wohl ihm, wenn er dann zur Bibel greift oder sich sonst von berufener Seite Gottes Wort sagen läßt. Dann steht er vor der Entscheidung, es anzunehmen oder abzulehnen. Nimmt er es an, so erkennt er sich selbst als Geschöpf, zu dem Gott der Schöpfer geredet hat, und weiß, daß ihm an jener Grenze das Geheimnis Gottes entgegentritt, mit dem Er das Geschaffene erhält und in ihm wirkt. Lehnt er es ab, so hat er sich damit für das Nichts entschieden, wenn er es auch nicht weiß oder nicht wahrhaben will.

Ich wiederhole: Auch diese beiden Möglichkeiten der Entscheidung sind mit dem heutigen Wirklichkeitsverständnis der Physik vereinbar. In beiden Fällen ist das Naturbild das gleiche; seine Ergänzung findet es in dem einen Falle in der Verlorenheit an das Nichts, im anderen Falle in der Geborgenheit in Gott. Tod oder Leben — wir dürfen wählen, aber die Entscheidung muß jeder für sich vollziehen. Die Wissenschaft kann dem Fragenden diese Entscheidung nicht abnehmen.

Ich möchte als Abschluß ein Wort von Pascual Jordan anführen, der diese Situation, wie sie sich aus der naturwissenschaftlichen Sicht von heute ergibt, sehr plastisch mit dem Wort von der *doppelten Verneinung* charakterisiert. Er sagt:[4]

Die neuen Erkenntnisse der Physik *verneinen* das alte Naturbild, das seinerseits Gott *verneinte*, trotz aller philosophischen Ausflüchte, auch wenn sie so scharfsinnig waren wie die Kantschen. Wenn wir diese doppelte Verneinung hervorheben, haben wir auf das Entscheidende der heutigen Lage hingewiesen, ohne mehr zu sagen, als auch ein vorurteilsloser Atheist zugeben muß, wenn er die heutige Naturwissenschaft kennt und versteht. Sein Atheismus, der 1900 noch durch die gesamte Naturwissenschaft *begründet* erschien, ist heute nur eine auf sich selbst ruhende Glaubensansicht, und der Christ kann aus den Erkenntnissen der modernen Physik zwar keinen Wahrheitsbeweis für seinen Glauben — denn das hat dieser Glaube nicht nötig —, wohl aber die bestätigende *Zusicherung* entnehmen, daß hier *nichts* mehr seinem Glauben entgegensteht. Und nur ein wirklichkeitsfremder Glaubenshochmut könnte dies für eine *unwichtige* Zusicherung halten in einem Jahrhundert, in welchem die aus dem naturwissenschaftlichen Materialismus erwachsene Irreligiosität Europa in so tiefe Finsternis geführt hat.

Soweit Pascual Jordan. Die doppelte Verneinung, von der er spricht, ist der Standort, zu dem uns die heutige Physik hinführen kann, wo sie uns dann aber absetzt und uns selbst überläßt. Ob wir aus dem doppelten Nein ein Ja zu Gott oder ein Nein zu Gott machen, liegt bei uns. Wer sich in dieser Entscheidung Rat holen will, findet ihn nicht bei der Wissenschaft, sondern allein in der Bibel. Und wer sich in dieses Buch, befreit von Voreingenommenheiten und veralteten Weltbildern, vertieft, wird zu seinem Erstaunen feststellen, daß die Bibel genau das Wirklichkeitsverständnis hat, das in der Gegenwart von der Physik erarbeitet worden ist.

[4] P. Jordan, Die doppelte Verneinung, Lutherische Rundschau, Jahrgang 6 (1952).

Diskussion

Frage: Kann man wirklich so bestimmt von prinzipiellen Grenzen unserer Erkenntnis sprechen? Sicherlich wird unsere Erkenntnis stets begrenzt sein, aber werden sich diese Grenzen mit dem Ausbau der Methoden und Hilfsmittel nicht immer weiter hinausschieben lassen?

Antwort: Die Frage ist sehr berechtigt. Ich will zweierlei dazu erwidern.

1. Die Aussage von den Grenzen naturwissenschaftlicher Erkenntnis stellt im Grunde eine Relativierung des Absolutheitsanspruches von Aufklärung und Rationalismus dar, daß der menschliche Verstand grundsätzlich alles zu erkennen imstande sei. Dieser Anspruch ist aber durch nichts gerechtfertigt. Er ist lediglich ein von Menschen gesetztes Postulat, Axiom, Dogma. Diese Überzeugung führte zu einer Ausdehnung naturwissenschaftlicher Denkformen weit über ihren legitimen Anwendungsbereich hinaus, d. h. zu Grenzüberschreitungen, insbesondere in Gebiete der Geisteswissenschaften hinein, die eine berechtigte Gegenwehr hervorriefen.

2. Beim Übergang von der Makrophysik zur Mikrophysik hat sich gezeigt, daß das Gebäude der klassischen Physik in sich abgeschlossen ist, d. h. seine Begriffe reichen nur so weit, wie sie angewendet werden können. Wir haben gelernt, daß in einem bestimmten System von Naturgesetzen – wegen der Grundbegriffe, auf denen sie beruhen – nur bestimmte Fragestellungen einen Sinn haben und daß umgekehrt verschiedene Systeme von Naturgesetzen auf dasselbe physikalische Geschehen angewendet werden können, ohne sich zu widersprechen. Ein Elektron z. B. kann einmal in der Wilsonschen Nebelkammer als Teilchen seine Bahn beschreiben, zum andern an einem Beugungsgitter als Welle reflektiert werden. Was »ist« nun das Elektron? Je nach dem Zusammenhang das eine *und* das andere! Hier zeichnen sich die Grenzen ab, von denen ich sprach.

Frage: Wäre es aber nicht denkbar, daß bei einem späteren Stande der Forschung eine sozusagen »darunter liegende« Seinsweise des Elektrons festgestellt wird, die einheitlich ist und die die genannten beiden Erscheinungsweisen nur als sekundäre Merkmale produziert?

Antwort: Damit fragen Sie im Grunde nach der Berechtigung der Heisenbergschen Unbestimmtheitsrelation. Diese besagt, daß es nicht möglich ist, bei der Bewegung eines Teilchens dessen Ort und Geschwindigkeit (Impuls) zugleich mit beliebiger Genauigkeit zu bestimmen. Zwar können wir etwa den Ort (bzw. die Geschwindigkeit) mit großer Genauigkeit durch Messung feststellen. Die dabei notwendige Einwirkung auf das Teilchen bedingt aber eine starke Unbestimmtheit seiner Geschwindigkeit (bzw. seines Ortes). Die Natur entzieht sich also unserem Erkenntnisdrange, d. h. der genauen Festlegung *beider* Begriffe zugleich, durch die unvermeidliche Störung, die mit jeder Beobachtung verbunden ist. Das Ziel, Naturvorgänge so zu beschreiben, wie sie »an sich«, d. h. ohne unseren Eingriff, ohne Beobachtung »sind«, ist prinzipiell unerreichbar. Es wird ja erst durch die Art des Experiments entschieden, welche Erscheinungen bestimmt und welche durch die Beobachtung verwischt werden.

Frage: Gut! Ist aber die Heisenbergsche Unbestimmtheitsrelation wirklich richtig, d. h. bewiesen?

Antwort: Ihre Frage ist nicht richtig gestellt. Sie müßte lauten: Ist die Unbestimmtheitsrelation ein Naturgesetz oder nur eine — noch widerlegbare — Hypothese? Darauf kann ich nur antworten: Eine große Zahl führender Physiker ist sich dessen gewiß, daß es sich um ein Naturgesetz handelt, d. h. daß die Unbestimmtheitsrelation die für das atomare Geschehen charakteristischen Zusammenhänge zutreffend ,wiedergibt. Manche Physiker bestreiten es noch. Dieser Umstand ist bemerkenswert! Er zeigt den Entscheidungscharakter naturwissenschaftlicher Erkenntnis. Ein Naturgesetz ist nicht »beweisbar«. Es wird aus einer Unsumme von Beobachtungen und Berechnungen im allgemeinen in Gestalt einer mathematischen Formel abstrahiert und dann immer neuen Anwendungen und Bestätigungen unterworfen, bis sich die Überzeugung von seiner Richtigkeit durchgesetzt hat.

Frage: Sie sprachen im Vortrag von einer Begegnung mit Gott bzw. mit der Wirklichkeit Gottes, die an der »Grenze der Erkenntnis« möglich sei. Müßten dann nicht alle Physiker heute an Gott glauben?

Antwort: Nein, keineswegs. Die Tatsache, daß Denkhindernisse für den Glauben an einen persönlichen Gott beseitigt werden können, bedeutet nur, daß wieder eine freie Entscheidungsmöglichkeit zum Glauben besteht, wie ich am Ende meines Vortrags erwähnte. Wer diese Möglichkeit nutzen will, muß sich dem Worte Gottes stellen. Denn der Glaube kommt aus der Verkündigung, diese aber aus dem Worte Gottes (Röm. 10, 17). Lassen Sie mich die Lage an einem Bilde deutlich machen Ein deutscher Mystiker beschreibt sie mit dem Satz: »Der erste Schluck aus dem Becher der Erkenntnis trennt den Menschen von Gott, aber auf dem Grunde des Bechers wartet Gott auf den, der ihn sucht.« Das ist die Lage: An den Grenzen der Erkenntnis wartet Gott auf den Menschen, *der ihn sucht.* Und der Gott, um den es hier geht, ist nicht eine Idee oder ein Wunschbild, sondern der Gott Abrahams, Isaaks und Jakobs, der Vater Jesu Christi, der Gott, der sich in der Bibel bezeugt. Von ihm heißt es, daß er sich finden läßt, jedoch nur dort, wo er sich bezeugt — in dem Wort der Bibel, das er uns anvertraut hat.

Frage: Was meinen Sie mit Ihrer Feststellung am Schluß des Vortrags, daß die Bibel das gleiche Wirklichkeitsverständnis habe wie die Physik? Ist das nicht eine sehr kühne Behauptung?

Antwort: Gewiß! Man darf sie nicht auf das Maß der *Erkenntnis* anwenden. Es geht nur um das grundsätzliche *Verständnis* der Wirklichkeit. Ich meine, daß Bibel und Physik sicher folgendes gemeinsam haben:

1. In beiden ist nicht von einem statischen Sein die Rede, sondern von einem dynamischen Geschehen.

2. Nur der vordergründige Ablauf des Geschehens ist dem Menschen als objektive Wirklichkeit zugänglich, der Untergrund jedoch ist verborgen und seine Existenz bleibt offen. Sie kann abgelehnt oder geglaubt werden.

3. Die Position des Menschen ist in sich ungesichert; er muß sich, ob er will oder nicht, als ein Gehaltener verstehen lernen.

4. In beiden gibt es nicht ableitbare, sogenannte kontingente Ereignisse, Gottes Handeln einerseits, das atomare Geschehen andererseits[5].

---

[5] Diese kurze Andeutung darf nicht im Sinne einer natürlichen Theologie mißverstanden werden. Die Zusammenhänge sind äußerst komplex und zur Zeit Gegenstand der Physiker-Theologen-Gespräche der jüngeren Generation. Ich verweise auf folgendes Schrifttum: *G. Ewald*, Naturgesetz und Schöpfung, R. Brockhaus Verlag, Wuppertal 1966; *W. Pannenberg*, Erwägungen zu einer Theologie der Natur, Manuskript; *E. Scheibe*, Die kontingenten Aussagen in der Physik, Athenäum Verlag, Frankfurt 1964.

Um Wandlungen aufzuzeigen, die sich vollzogen haben, ist es zweckmäßig, Vergleiche anzustellen. So will ich drei verschiedene Weltbilder, die im Laufe der letzten 500 Jahre einander abgelöst haben, in der Weise gegenüberstellen, daß ich von jedem drei Aussagen mache, die einander entsprechen und die Wandlung hervortreten lassen. Die Bezeichnung »Weltbild« möchte ich dabei mit den Worten »das Ganze der Wirklichkeit um uns« umschreiben. Ich meine damit also keine Weltanschauung und keine philosophische Konzeption des Weltganzen, sondern einen aus der Erfahrung gewonnenen Entwurf von der uns umgebenden Wirklichkeit.

Dazu gehört jedenfalls das Universum. Wir wollen aber zulassen, daß es mehr geben kann als nur die sichtbare gegenständliche Welt, die dem Naturwissenschaftler zur Erforschung aufgegeben ist. Auch der Glaubende weiß um Erfahrungen. Genaueres wird sich im Laufe der Ausführungen ergeben. Die drei Weltbilder, auf die ich eingehen will, sind:

I. Das vorwissenschaftliche oder naive Weltbild
II. Das naturwissenschaftliche Weltbild der Neuzeit
III. Das gegenwärtige Naturbild.

In runden Jahreszahlen ausgedrückt galt Weltbild Nr. I bis etwa 1500. Das Jahrhundert bis 1600 ist eine Übergangsphase, in der sich das Weltbild Nr. II durchsetzte. Dieses naturwissenschaftliche Weltbild der Neuzeit hielt sich bis etwa 1900. Jetzt, im 20. Jahrhundert, haben wir wieder eine Übergangsphase, in der sich ein neues Weltbild, richtiger gesagt ein Naturbild, durchsetzt. Die beiden Übergangsphasen sind für unser Thema das Entscheidende; in ihnen tritt die Wandlung in der Vorstellung von der Wirklichkeit um uns besonders deutlich hervor.

[6] Erstmals erschienen im »Sternbrief der COV (Korneliusbruderschaft)«, Nr. 114, Bad Eilsen 1964, sowie in »Bibel und Gemeinde«, 66. Jahrgang (1966), 20–31.

I. Das vorwissenschaftliche oder naive Weltbild

Es ist gekennzeichnet durch die Stockwerksvorstellung: die Erde im Zentrum, darüber eine Wirklichkeit, die Gott zugeordnet und als Himmel bezeichnet wurde, darunter eine andere Wirklichkeit, der Finsternis zugeordnet und als Hölle bezeichnet. Diese übereinander gedachten Bezirke, Himmel, Erde, Hölle, beherrschen die Vorstellung des mittelalterlichen Menschen. Natürlich war und ist nur der mittlere Bezirk dem Erkenntnisdrange des Menschen zugänglich. Was darüber oder darunter liegen mag, war entweder der Spekulation oder dem Glauben vorbehalten.

1. *Dieses Weltbild war wirklich ein Weltbild.* Denn es umfaßte das Ganze der Wirklichkeit. Dabei gehe ich bereits davon aus, daß der Mensch nicht nur in der sichtbaren gegenständlichen Welt lebt, sondern auch auf eine andere Wirklichkeit bezogen ist, etwa im Sinne des Wortes: »Nicht vom Brot allein wird der Mensch leben, sondern von jedem Worte, das aus Gottes Munde hervorgeht« (Matth. 4, 4). Ob das Weltbild die Verhältnisse richtig wiedergegeben hat, ist eine andere Frage.

2. *Dieses Weltbild war eine Naivität* und zwar eine Naivität aus Unkenntnis und Demut. Man wußte noch wenig von der sichtbaren gegenständlichen Welt. Aber man war demütig genug, eine umfassendere Wirklichkeit zu glauben und Gott als persönlichen Gott anzuerkennen.

3. *Dieses Weltbild hatte Platz für Gott.* Man wußte, Gott wohnt im Himmel, und man konnte sich den Himmel irgendwo »oben« denken. Man glaubte, daß er von dort auf seine Menschenkinder herabschaut und von dort her auch eingreift in Natur und Geschichte. Seine Wunder, sein Weltregiment, die Sendung seiner Boten zu den Menschen — all das war in diesem Weltbild vollziehbar. Man wußte auch von dem Ort der Gottesferne, der Hölle, und glaubte daran, daß der Mensch nach diesem Leben in die andere Wirklichkeit eingeht und es dann von seinem Glauben an den persönlichen Gott abhängt, ob er in den Bereich der Seligen oder in den Bereich der Unseligen gelangt.

II. Das naturwissenschaftliche Weltbild der Neuzeit

1. Dieses Weltbild war kein Weltbild. Es maßte sich aber an, ein Weltbild zu sein, etwa in dem Sinne, daß aus ihm heraus alles beschreibbar und erklärbar ist, was den Menschen angeht, daß alle Fragen von ihm her beantwortbar seien, daß es keine Rätsel mehr gäbe. Ich verweise auf das Buch von Ernst Haeckel: Die Welträtsel. Diesem Anspruch stellten sich natürlich die Geisteswissenschaften entgegen. Man denke nur an die Auseinandersetzung über das Problem: Kausalgesetz und Willensfreiheit. Die Beschränkung allein auf die sichtbare, gegenständliche Wirklichkeit verdrängt naturgemäß viele Fragen, insbesondere über den Menschen.

2. Dieses Weltbild war eine Naivität, aber eine Naivität aus Erkenntnis und Hochmut. Um der Anmaßung willen, mit der es alle Fragen des Menschen beantworten zu können glaubte, ist es eine Naivität zu nennen. Man wußte viel, aber über diesem Wissen war die Demut verlorengegangen. Der Mensch entwickelte sich zum autonomen Menschen, zum Menschen, der allein von der Vernunft her bestimmt ist. Die Vernunft wurde der Maßstab aller Dinge. Man war der Überzeugung, daß es nichts gäbe, was nicht durch die Vernunft erkannt werden könnte. Die Aufklärung, der Rationalismus sind Vorstufen zur Autonomie des Menschen, mit der wir es heute praktisch überall zu tun haben. Die Mehrzahl der heutigen Menschen lebt noch im Weltbild Nr. II und urteilt auch von daher, wie es dem Stehen in einer Übergangsphase entspricht.

3. Dieses Weltbild hatte keinen Platz für Gott. Der lebendige, persönliche Gott war in diesem naturwissenschaftlichen Weltbild undenkbar, er war sozusagen wohnungslos und arbeitslos gemacht worden. Das Weltall schien sich nach allen Richtungen ins Unendliche auszudehnen. Die Enge des naiven Weltbildes war gesprengt. Überall sah man nur Universum. Etwas anderes daneben oder darüber oder außerhalb davon war vernunftgemäß nicht mehr vollziehbar. Wo sollte da noch ein Bezirk sein, in dem Gott leben, von dem her er wirken konnte? Was man in der naiven Sicht als Himmel und als Hölle bezeichnet hatte, war als ungegenständlich, als nicht existierend entlarvt worden, so meinte die Naturwissenschaft von damals. Und weil alles, wie man annahm, durch die Naturgesetzlichkeit geregelt wurde, bis in die feinsten Regungen des menschlichen Empfindens und Denkens hinein, war ein Eingreifen Gottes nicht mehr denkbar. Wie hätte er gegen die Naturgesetzlichkeit etwas ausrichten sollen!

Der Verlauf der Natur galt als vollständig vorgeschrieben. Man konnte mit Differentialgleichungen und anderen Hilfsmitteln der Mathematik vieles berechnen, was auf uns zukommen würde. Es fehlte nur noch eine letzte Formel, die Weltformel, aus der heraus dann jeder künftige Weltzustand, bei Kenntnis der Anfangsbedingungen, berechenbar und damit jede Ungewißheit, auch im menschlichen Bereich, auszuschalten wäre. Nirgends gäbe es noch eine Möglichkeit für Gott einzugreifen. Laplace, einer der großen Schöpfer des Weltbildes Nr. II, äußerte auf die Frage, wo denn in seinem Weltbild Gott noch Platz habe, sehr kühn seine Überzeugung: »Ich brauche die Hypothese ›Gott‹ in meinem Weltbild nicht mehr.« Natürlich ist daran auch etwas Richtiges. Auch der Glaubende will Gott nicht eine Lückenbüßerrolle zuweisen. Aber offenbar ging es Laplace um mehr als nur um das Ausschalten Gottes bei Lücken in der wissenschaftlichen Erkenntnis. Er war überzeugt, daß der Gedanke an Gott ganz auszuschalten, da Gott nicht vorhanden sei. Denn von ihm gibt es noch eine andere Äußerung: »Ich habe mit meinem Fernrohr das ganze Weltall durchforscht und nirgends einen Himmel entdeckt, nirgends Gott gefunden.«

Man erkennt, daß die Aussagen, die jetzt im Gefolge der Weltraumfahrten gemacht werden, sich nur wenig von dem Ausspruch des Laplace unterscheiden. Denn wenn ein Sputnik oder Lunik oder Wostok oder ein Gagarin oder wer immer materiell oder lebendig in das Weltall hinaufgeschickt wird, keinen Himmel gefunden, Gottes Thron nicht entdeckt, keine Engel im Weltall gesehen hat, und man daraufhin ihre Existenz leugnet, so tut man damit praktisch dasselbe wie damals Laplace, nur mit dem Unterschied, daß Laplace mit seinem Fernrohr viel tiefer in das Weltall hineinschauen konnte, als unsere Raketen und Weltraumschiffe bisher gekommen sind. Die Leistungen von Wissenschaft und Technik sollen deswegen nicht verkleinert werden. Es soll nur klar werden, daß auch der Materialismus von heute kein anderes Weltbild kennt als das der Naturwissenschaft des vergangenen Jahrhunderts und dieses Weltbild keinen Platz für Gott hat, weil seine Wirklichkeit darin nicht angesprochen wird.

III. Das gegenwärtige Naturbild

Nunmehr komme ich zum gegenwärtigen Weltbild, das besser als Naturbild bezeichnet werden sollte. Für dieses gilt:

1. *Das gegenwärtige Naturbild ist kein Weltbild.* Denn es will kein Weltbild sein. Der heutige Naturwissenschaftler, dem es wirklich um intellektuelle Redlichkeit gegenüber seinen Mitmenschen geht, weiß, daß er kein Weltbild mehr zu bieten hat. Was er gibt, ist ein Naturbild, d. h. nur eine Beschreibung dessen, was zu beobachten ist. Über Dinge, die nicht zu beobachten sind, schweigt er sich aus. Viele der heutigen Naturwissenschaftler sind echte Agnostiker. Sie sagen, es mag vielleicht noch etwas anderes geben, das wir nicht erfassen können, aber ob es das gibt, ist nicht durch Beobachtung entscheidbar. Deshalb können wir nichts darüber aussagen und beschäftigen uns auch nicht damit. Wir haben genug mit dem Erkennbaren zu tun, der sichtbaren, gegenständlichen Welt.

Darin liegt ein fundamentaler Unterschied gegenüber Weltbild Nr. II. Wir wissen, daß es Fragen gibt, die wir nicht vom Naturbild her beantworten können. Um einige solcher Fragen als Beispiele anführen zu können, muß ich eine kurze Beschreibung dessen geben, was wir heute das Naturbild nennen. Das wiederum will ich an vier Punkten deutlich machen: Raum, Zeit, Materie, Naturgesetz.

a) *Der Raum*, das Weltall. Im Weltbild Nr. II galt dieser Weltraum als unendlich in seiner Ausdehnung. Es ist zwar niemals von der Naturwissenschaft bewiesen worden, daß es so sei. Es handelt sich dabei nicht um eine gesicherte Erkenntnis, sondern um einen metaphysischen Rest aus dem naiven Weltbild, der sich merkwürdigerweise in das naturwissenschaftliche hinübergerettet hat. Wir rechnen heute jedoch mit einem endlichen Weltall. Es ist riesig, mit Milliarden von Lichtjahren als Durchmesser, aber doch endlich an Volumen, auch endlich an Materie, die sich in ihm vorfindet, und endlich an Gewicht, das man ihm zuschreiben kann.

Nun könnte man fragen: Wenn das Weltall endlich ist, was ist dann außerhalb? Das ist u. a. eine Frage, die wir nicht beantworten können. Wir können nur beobachten, soweit Materie reicht. Wo keine Materie ist, ist Beobachtung unmöglich. Infolgedessen gibt es für uns kein Außerhalb mehr im Sinne eines erkennbaren Außerhalb. Wenn von einem Außerhalb gesprochen wird, treibt man Spekulation. Ob es ein Außerhalb gibt, ist eine Frage, die vom Naturbild her offen bleibt.

b) *Die Zeit*. Unser Weltall galt im Weltbild Nr. II als unendlich auch in bezug auf seine zeitliche Dauer: Von Ewigkeiten her bis in alle Ewigkeiten hin, aus sich selbst heraus existierend, niemals geschaffen, niemals zu Ende gehend. Aber auch das ist nie eine naturwissenschaftliche Erkenntnis gewesen, sondern ebenfalls ein metaphysischer Rest aus Weltbild Nr. I in weltanschaulicher Ausprägung. Es ließe sich durchaus erklären, woher die Reste stammen, aber ich will jetzt nicht darauf eingehen*). Heute sprechen wir von einem Alter dieser Welt. Die Mindestzahl, die da genannt wird, sind 8–9 Milliarden Jahre. Manche Forscher gehen noch weiter zurück auf 12 oder gar 14 Milliarden Jahre. Das Entscheidende ist, daß wir überzeugt sind, diese Welt hat einmal einen zeitlichen Anfang gehabt. Ebenso wird von einem zeitlichen Ende gesprochen. Auch hier ist die Größenordnung von 10 Milliarden Jahren genannt worden, die dieses Weltall in seiner jetzigen Form höchstens noch existieren kann. Jetzt könnte man wiederum fragen: Wenn diese Welt einen Anfang gehabt und ein Ende finden wird, was war dann vorher, was wird nachher sein? Auch das sind Fragen, die nicht mehr vom Naturbild her beantwortet werden können. Wir können

*) Vgl. hierzu S. 78 ff.

erst beobachten, seitdem Materie vorliegt, und wir können nur solange beobachten, wie Materie wirkt (vgl. c)). Für uns gibt es daher, zeitlich gesehen, ebenso wenig ein Vorher bzw. Nachher, wie es, räumlich gesehen, ein Außerhalb gibt. Wenn es derartiges geben sollte, läßt es sich jedenfalls nicht von der Naturwissenschaft her klären.

c) *Die Materie.* Hier möchte ich zunächst einen Zusammenhang mit a) und b) (Raum und Zeit) herstellen. Im Weltbild Nr. II waren Raum, Zeit und Materie je für sich ein Absolutum. Man dachte sich den Raum als etwas für sich Bestehendes, etwa in dem Sinne, daß ein leerer Raum zurückbleibt, wenn man sich alles, was sich an Sternen und Sternsystemen im Weltall befindet, herausgenommen denkt. Das ist eine verabsolutierte Vorstellung vom Raum, dem »Raum an sich«. Ebenso hatte man Zeit verabsolutiert. Man sprach gern von der mathematischen Zeit und dachte sie sich wie einen Strom, der kontinuierlich abläuft, auch ohne daß etwas passiert. Und die Materie hatte man, wenigstens in ihren kleinsten Einheiten, damals den Atomen, als unzerstörbar und unwandelbar angenommen, ewig aus sich selbst heraus bestehend. Gegenüber diesen Verabsolutierungen haben wir jetzt eine Relativierung vollziehen müssen.

Diese drei: Raum, Zeit, Materie, bilden eine Ganzheit. Wie der Mensch eine Ganzheit darstellt aus Leib, Seele, Geist, so dürfen wir uns in Analogie dazu das Weltall denken als eine Ganzheit aus Raum, Zeit, Materie. Materie ist der Träger von Raum und Zeit. Nur weil und soweit es Materie gibt, gibt es Raum, gibt es Zeit. Raum und Zeit gibt es nicht unabhängig von Materie, sondern nur in Abhängigkeit von ihr. Sie sind Eigenschaften der Materie, wie Farbe und Temperatur Eigenschaften von ihr sind. So wie der Leib des Menschen Träger von Geist und Seele ist, und Geist und Seele nicht mehr da sind, wenn der Leib aufhört zu sein, so etwa dürfen wir uns die Materie denken als Träger von Raum und Zeit. In dem Augenblick, in dem Materie entstand, wurde Raum und wurde Zeit. »Vorher« gibt es weder Raum noch Zeit. Ein »Vorher« wie ein »Außerhalb« sind gegenstandslose Bezeichnungen.

Aber nun zur Materie selbst. Auch sie mußte es sich gefallen lassen, relativiert zu werden. Wir führen sie zurück auf bestimmte Elementarbausteine. Ich darf einmal an uns selber in Gedanken experimentieren. Unser Organismus besteht aus Materie. Die Lebensvorgänge spielen sich in dem Protoplasmaschleim der Zellen ab. Die Zellen sind die kleinsten Einheiten des Lebendigen; aber physikalisch-chemisch gesehen, ist dieser Protoplasmaschleim nichts anderes als eine sehr komplizierte Eiweißverbindung. Bei den Eiweißen kennen wir die Bestandteile, aus denen sie sich aufbauen, die Aminosäuren, die Proteine, die Nukleinsäuren usw. Im Osten und im Westen arbeiten Tausende von Biochemikern daran, im Labor »Leben aus der Retorte« zu erzeugen. Sie sind überzeugt, daß, wenn es gelingt, aus den einzelnen eben genannten Bausteinen die Eiweißmoleküle zusammenzusetzen und aus den Eiweißen den Protoplasmaschleim, dieser dann »von selbst lebendig« ist, daß »Leben« also kein besonderes Agens, kein besonderes Fluidum erfordert, das noch zum anorganischen Sein hinzukommen müßte, um Organe zu ergeben, sondern eine Struktureigenschaft ist, die sich automatisch einstellt, wenn es gelingt, die ungeheuer komplizierte Struktur der Eiweißverbindungen im Protoplasmaschleim herzustellen.

Ob das richtig ist, bleibe dahingestellt, es ist eine Arbeitshypothese und sehr vieles spricht dafür.

Jetzt gehen wir von den Zellen, den kleinsten Einheiten des Lebendigen, weiter zu den Makromolekülen und Molekülen, aus denen sich die Aminosäuren und Proteine aufbauen, bis hin zu den Atomen, aus denen sich die Moleküle zusammensetzen. Ein Atom wiederum besteht aus einem Kern und seiner Elektronenhülle. Der Kern setzt sich zusammen aus Protonen und Neutronen. Kurz und gut, wenn wir diese Stufenleiter hinabsteigen, landen wir schließlich bei gewissen Grundbausteinen, den Elementarteilchen, aus denen sich das Gesamte des materiellen Seins aufbaut. Nun könnte man die Frage stellen: Was ist Materie in ihren kleinsten Bausteinen, den Elementarteilchen? Wiederum können wir keine Antwort geben. Das wäre bereits Metaphysik, Naturphilosophie, aber nicht mehr Naturwissenschaft. Die Frage nach dem Sein ist eine für uns gegenstandslos gewordene Frage. Wir brauchen die Antwort nicht, um forschen zu können.

Es handelt sich bei der Materie nicht um ein ruhendes, statisches Sein, das sozusagen von einem Schleier bedeckt ist, den man aufdecken könnte, um jedem, der sich dafür interessiert, zu sagen: So ist es, — sondern Materie tritt uns als ein Geschehen entgegen, als etwas, das sich ereignet und dessen Sichereignen wir abwarten müssen, um es überhaupt beobachten zu können. Wir können das Geschehen nicht hervorbringen. Wenn es sich ereignet, ist es experimentell erfaßbar, dann können wir Aussagen darüber machen, Materie ist Energie, dynamisches Geschehen. Anders ausgedrückt: Materie ist nicht, Materie geschieht — ohne daß von uns her das Geschehen geklärt oder hervorgerufen werden könnte. Hier hört in das Innerste hinein die Beobachtungsmöglichkeit auf.

Insofern hat auch die Materie ihren Absolutheitscharakter verloren. Materie ist etwas, das von anderem abhängt, das als etwas Ableitbares angesehen werden muß, ohne daß es faktisch, d. h. wissenschaftlich, abgeleitet werden kann. Wir brauchen es auch nicht zu wissen, um forschen zu können. Und doch erhebt sich naturgemäß die Frage: Woher kommt die Energie, die sich als Materie manifestiert? Muß nicht ein Urgrund da sein, dem das Geschehen entspringt? Auch diesen Fragen gegenüber kann der Naturwissenschaftler nur schweigen, muß er sich, weil er nicht mehr beobachten kann, als Agnostiker erweisen.

Damit ist nunmehr alles relativiert worden: Raum und Zeit sind auf die Materie zurückgeführt; sie sind nur, weil und soweit Materie ist. Und Materie besteht nicht aus sich selbst heraus, sondern ist von anderem abhängig, abgeleitet, ohne daß feststellbar wäre, woher. Wenn Sie nun von den Elementarteilchen über die Atome, Moleküle, Makromoleküle zum Protoplasmaschleim Ihrer Zellen zurückgehen und bedenken, daß die Elementarteilchen, aus denen Ihr Zellenlebensstoff besteht, aus etwas Unbekanntem kommen — wenn überhaupt — das wir nicht erkennen können, so sehen Sie, daß die Existenzphilosophie durchaus recht hat, wenn sie sagt:

Der Mensch sei hineingeworfen in das Da, gehalten über einem Abgrund, über einem Nichts. Es ist gut, das einzusehen und davor zu erschrecken. Wir sind nicht in uns selbst gegründet. Wir sind, naturwissenschaftlich gesehen, gehalten über einem Nichts, als ein Zufallsprodukt geworfen in unser Da. Doch sind alle diese Zusammenhänge nicht ganz einfach. Ich habe sie sehr vereinfacht darstellen müssen.

d) *Die Naturgesetzlichkeit.* Auch sie ist relativiert. Sie hat nicht mehr den unabdingbaren Charakter, der »durchbrochen« werden müßte, falls etwas Unerwartetes geschehen soll, sondern ist von statistischem Charakter. Wir können nur Wahrscheinlichkeitsaussagen machen über das Verhalten der Materie im Kleinen, d. h. Reaktionen von einzelnen Elementarteilchen nicht vorausberechnen, sondern nur mit einer gewissen Wahrscheinlichkeit vorhersagen, wobei immer eingeschlossen ist, daß es auch anders kommen kann.

Das Merkwürdige ist, daß trotz dieser Unbestimmtheit im Kleinen das Geschehen im Großen so determiniert erscheint. In der Makrophysik ist das Geschehen, sofern die Anfangsbedingungen bekannt sind, vorherberechenbar. Aber das ist nicht selbstverständlich, auch keine Denknotwendigkeit, sondern etwas Merkwürdiges und Erstaunliches. Es beruht auf dem mathematischen Gesetz der großen Zahl. Die unterschiedlichen Reaktionen der ungeheuer vielen Elementarteilchen, die bei einem makrophysikalischen Versuch vorliegen, verdichten sich sozusagen zu einem ganz bestimmten Durchschnittsverhalten. Auch hier bleiben Fragen offen: Woher kommt das Gesetz der großen Zahl? Wie können die voll determinierten Vorgänge der Makrophysik in Elementarvorgängen wurzeln, die indeterminiert sind?

Mit den Ausführungen zu a), b), c), d) sollte die Aussage 1 erläutert werden, daß das gegenwärtige Naturbild kein Weltbild ist. Viele Fragen, die gestellt werden können, bleiben unbeantwortbar, weil die Natur keine Antwort darauf gibt. Sie gehören eher in den Bereich der Naturphilosophie, der Spekulation, der Weltanschauung, der Glaubensentscheidung, können aber von daher nicht allgemein verbindlich beantwortet werden.

2. *Das gegenwärtige Naturbild ist eine Naivität.* Dabei verstehe ich dies Wort dahin, daß all unser Wissen Stückwerk ist. Wir wissen, daß wir nichts wissen. Jetzt aber ist die Naivität eine solche aus Erkenntnis und Demut. Den Stand, der im Weltbild Nr. II erreicht worden war, konnten wir nicht aufgeben; wir konnten nicht zurück zur Naivität des vorwissenschaftlichen Weltbildes, wir konnten nur vorwärts. Die Erkenntnis ist vermehrt worden durch einen vertieften Einblick in das mikrophysikalische Geschehen. Die dort erarbeiteten Ergebnisse haben uns zu einer Revision des früheren Weltbildes geführt. Wir haben das Weltbild Nr. II nicht umgestoßen; es handelt sich nicht um einen »Umsturz im Weltbild der Physik«, wie man häufig in einer irreführenden Formulierung hört. Wir haben dies Weltbild nur von metaphysischen Resten gereinigt, die nicht naturwissenschaftliche Erkenntnis gewesen sind, insbesondere von allen Verabsolutierungen, die man in Weltbild Nr. II hineingelegt hatte, als ob es einen absoluten Raum gäbe, eine absolute Zeit, eine absolute Materie, eine absolute Naturgesetzlichkeit, kurz: eine absolute Wahrheit, die dem Naturwissenschaftler erkennbar wäre. Das trifft nicht zu. Von einer solchen Illusion haben wir uns frei gemacht. Wir haben eine vertiefte Erkenntnis gewonnen, sind aber in dem Sinne bescheiden, vielleicht demütig geworden, daß wir zugeben: Es gibt Dinge, die wir nicht erkennen können, Fragen, die wir offen lassen müssen. Das ist im allgemeinen nicht schon Demut vor Gott, aber sie kann zu einer Demut vor Gott führen.

3. *Das gegenwärtige Naturbild hat Platz in Gott.* Bei Weltbild Nr. I formulierte ich: Es hatte Platz für Gott. Bei Weltbild Nr. II dagegen: Es hatte keinen Platz für Gott. Nun wäre es aber völlig falsch anzunehmen, das Naturbild habe wieder Platz für Gott. Wir können nur, wenn wir an Gott glauben, staunend bekennen, daß das gegenwärtige Naturbild in Gottes Wirklichkeit eingebettet werden kann. Es hat Platz in Gott, nicht Gott im Naturbild! Dabei ist die Ausdrucksweise »in Gott« natürlich nur bildlich zu verstehen.

Der Schritt vom Naturbild zum Weltbild ist nicht mehr wissenschaftlich zu begründen. Ob ein Mensch ein Weltbild hat, dies Wort jetzt im umfassendsten Sinne verstanden, hängt von einer metaphysischen Vorentscheidung im Innern dieses Menschen ab. Viele Menschen wollen überhaupt kein Weltbild haben. Viele machen sich ein Weltbild auf Grund einer Weltanschauung. Das Naturbild von heute steht zu keinem dieser Weltbilder im Widerspruch. Es läßt sich einbetten in viele Weltbilder, die Menschen sich gemacht haben, insbesondere auch in das von Gottes Offenbarung. Zur näheren Begründung gehe ich auf die beiden Extremfälle ein, das Weltbild des Nihilisten und das Weltbild der Bibel.

Ich nehme jetzt an, ich sei ein Nihilist, der an nichts glaubt, jede andere Wirklichkeit außerhalb des Sichtbaren abstreitet. Dann kann ich das gegenwärtige Naturbild in das Nichts, das Weltbild des Nihilisten einbetten ohne jeden Bruch, ohne jedes sacrificium intellectus. Es paßt wie nach Maß gemacht da hinein. Ich greife einzelne Fragen heraus. Wenn dieses Weltall endlich ist in seiner räumlichen Ausdehnung, was ist dann außerhalb? Als Naturwissenschaftler kann ich keine Antwort geben, weil es meine Zuständigkeit überschreiten würde. Als Nihilist würde ich von meinem Weltbild her antworten: Außerhalb ist nichts! Was war vor dem Beginn der Materie und damit vor Zeit und Raum? Als Naturwissenschaftler habe ich keine Antwort, weil ich höchstens soweit zurück beobachten kann, wie Materie ist. Aber als Nihilist gebe ich die Antwort: »Vorher« war nichts. Und »nachher« wird auch nichts sein. Woher ereignet sich Materie? Das bleibt für den Naturwissenschaftler offen. Als Nihilist sage ich: Materie kommt aus dem Nichts. Worin gründet die Naturgesetzlichkeit? Letzten Endes im Nichts; sie ist im letzten reines Zufallsgeschehen.

So kann man weitere Fragen stellen, etwa die Frage nach dem Sinn des Lebens. Der Naturwissenschaftler kann dem fragenden Menschen keinen Sinn für sein Leben geben. Für ihn erschöpft er sich darin, daß er forscht, arbeitet, schafft, Erkenntnis sucht und gewinnt. Das genügt ihm — als Naturwissenschaftler; darin geht er auf. Als Nihilist aber habe ich einen »Sinn« für mein Leben gefunden. Es ist die Haltung, mit der ich dem Tode entgegengehe, d. h. dem Nichts, aus dem ich gekommen bin. Man sieht: Vom Weltbild her sind die

Fragen beantwortbar, die das Naturbild notwendigerweise offen lassen muß. In diesem Sinne »paßt« das Naturbild in das Weltbild des Nichts.

Jetzt nehme ich das andere Extrem und begründe damit die Aussage dieses Abschnitts: Das Naturbild hat Platz in Gott, d. h. die sichtbare Wirklichkeit in Gottes Wirklichkeit. Jetzt habe ich als glaubender Mensch ein anderes Weltbild. Zu diesem Weltbild bin ich aber nicht durch die Naturwissenschaft gekommen, sondern nur durch den Glauben an den lebendigen persönlichen Gott, der in mein Leben getreten ist. Der Glaube kommt aus der Predigt, das Predigen aus dem Worte Gottes (Röm. 10, 17). Ein anderes Mittel, Glauben zu wecken, gibt es nicht, als allein das Wort Gottes. Wer das erfährt, weiß, daß es noch eine andere Wirklichkeit gibt. Die sichtbare, gegenständliche Welt ist nicht das Ganze der Wirklichkeit um uns. Es gibt auch die Wirklichkeit, in der Gott lebt. Ich weiß von ihr nur durch seine Offenbarung. Gott wohnt in einem Lichte, da niemand zukommen kann (1. Tim. 6, 16), auch nicht das Fernrohr des Laplace. Kein Sputnik, kein Lunik, kein Weltraumschiff, nichts kann dorthin kommen, wo Gott wohnt. Wir mögen noch so tief in den Weltraum vorstoßen, nirgends werden wir Gott finden.

Das Weltbild, das seiner Offenbarung zugrunde liegt, ist nicht Weltbild Nr. I. Ich zitiere aus der Bibel: Jesus Christus ist das Ebenbild des unsichtbaren Gottes. Durch ihn ist alles erschaffen worden, was im Himmel und auf Erden ist, das Sichtbare und das Unsichtbare (Kol. 1, 16). Oder: Wir — und damit meint Paulus uns, die an Jesus Christus glauben —, wir schauen nicht auf das Sichtbare, sondern auf das Unsichtbare; denn das Sichtbare ist zeitlich, das Unsichtbare aber ewig (2. Kor. 4, 18). Solche Worte machen von der Schrift her deutlich: Es gibt neben dem Sichtbaren noch das Unsichtbare. Das Sichtbare ist die gegenständliche Welt, der Objektbereich des Naturwissenschaftlers. Das Unsichtbare erschließt sich nur dem Glaubenden. Ich kann die Existenz des Unsichtbaren nicht beweisen, sondern kann nur an das Unsichtbare glauben. Genau so wie der Nihilist nicht das Nichts beweisen, sondern an das Nichts nur glauben kann. Hier kommt die metaphysische Vorentscheidung des einzelnen zum Tragen: Woran glaubst du im Grunde deines Herzens? Ich glaube an das Unsichtbare und halte mich an den Unsichtbaren, als sähe ich ihn (Hebr. 11, 17).

Jetzt ist noch wichtig, wie die beiden Bereiche Sichtbar und Unsichtbar zueinander liegen. Sie ordnen sich nicht übereinander. Das ist Weltbild Nr. I, die naive Sicht, die Stockwerksvorstellung, aber nicht die Sicht der Bibel, d. h. zwar wohl Sicht der Menschen, die damals gelebt und von daher formuliert haben, aber nicht die Sicht der Offenbarung Gottes. Diese sieht die beiden Bereiche aber auch nicht umeinander, sozusagen das endliche Sichtbare als einen Kern, das Unsichtbare als eine Umhüllung. Das ist vielmehr philosophische Sicht, die von einem Diesseits und einem Jenseits spricht.

Die Sicht der Schrift ist nach meiner Überzeugung kein *Über*einander und kein *Um*einander, sondern ein *In*einander. Beides durchdringt sich, Sichtbares und Unsichtbares. Und wir leben als Glaubende in beiden Bereichen zugleich, im Sichtbaren und im Unsichtbaren. Unsere Väter im Glauben haben im Credo chalcedonense (451) formuliert, daß in Jesus von Nazareth zwei Naturen vereinigt waren, die wahre Menschlichkeit und die wahre Göttlichkeit, und zwar in einem paradoxen Ineinander: ungetrennt und unvermischt. So etwa dürfen wir uns das Ineinander von Sichtbarem und Unsichtbarem denken. Ungetrennt heißt: Ganz und gar ineinander. Unvermischt heißt: Ganz und gar auseinander. In dieser paradoxen Weise dürfen wir uns auch das Ineinander von Sichtbarem und Unsichtbarem denken. Ich bin nach Leib, Seele, Geist als Kreatur im Sichtbaren und als solche darf ich im Sichtbaren forschen. Ich bin aber zugleich nach dem inwendigen Menschen, nach dem Herzen oder Gewissen, in dem Unsichtbaren verhaftet. Von da her kann Gott in mich hineinwirken durch sein Wort; er schaut nur auf das Herz, der Mensch sieht auf den äußeren Schein (1. Sam. 16, 7). Ich bin zu ihm hin, in dieses Unsichtbare hinein, offen, lebe praktisch vom Unsichtbaren her. Aber all dies erschließt sich für mich erst von dem Augenblick an, wo ich den Glauben an Ihn, den persönlichen Gott, geschenkt bekommen habe.

Diese Sicht des paradoxen Ineinanders von Sichtbarem und Unsichtbarem ist das eigentliche Weltbild der Bibel. Von daher kann ich nun ebenfalls Antworten geben. Was ist außerhalb dieses endlichen Weltalls? Gottes unsichtbare Wirklichkeit; sie ist allumfassend, sie ist wirklich unendlich, sie durchdringt auch das ganze Sichtbare bis in den Mittelpunkt der Erde hinein. Was war vor dem Zeitbeginn? Gottes Ewigkeit. Was wird hinterher sein? Gottes Ewigkeit. Die Zeit ist ein Schöpfungswerk Gottes, das sozusagen aus der Ewigkeit herausfließt und wieder in sie einmündet. Es wird einmal keine Zeit mehr geben (Off. 10, 6). Dort im Unsichtbaren gibt es keine Zeit. Ich bin, der ich bin, sagt Gott von sich selbst, er ist ständige Gegenwart. Das gilt ebenso für Jesus: Ehe Abraham war, bin ich (Joh. 8, 58).

Wir dürfen also die Maßstäbe des Zeitlichen und des Räumlichen nicht hinübertragen in das Unsichtbare, weil Raum und Zeit nur Eigenschaften des Materiellen, d. h. des Sichtbaren sind.

Woher ereignet sich Materie? Aus dem Unsichtbaren heraus durch und als Gottes Wort. Gott spricht: Es werde, und es ward. Wie er spricht, so geschieht's; wie er gebietet, so steht's da. Alles, was geworden ist, ist durch sein Wort geworden. Als Naturwissenschaftler, der an den Gott glaubt, der sich durch sein Wort offenbart hat, darf ich sagen: Gottes Reden hat, wenn er es so will, die unvorstellbare Fähigkeit, sich in Energie umzusetzen, die physikalisch meßbar ist. Er spricht, und nach seinem Willen verwandelt sich sein energievolles Wort, diese Dynamis, in physikalische Energie, in Materie. Das kann ich nur vom Glauben, von meinem Weltbild her sagen. Aber die naturwissenschaftliche Erkenntnis steht dazu nicht im Widerspruch. Die Bibel gibt uns die letzte Erkenntnis auch von dem, was der Naturwissenschaftler nicht erkennen kann. In Jesus Christus ist wirklich die ganze Fülle der Weisheit und der Erkenntnis verborgen. Diese Weisheit und Erkenntnis zu erlangen, ist der Sinn meines Lebens. Sie führt zum Gehorsam und zum Dienen.

I.

Es mag für einen Vortrag etwas ungewöhnlich sein, von einem Wort der Bibel auszugehen. Aber da ich mich vom Thema her mit Gotteserkenntnis befassen darf, so möchte ich für den Vortrag ein Wort Gottes zugrunde legen. Nicht daß ich es auslegen möchte, aber es wird unsichtbar den ganzen Vortrag begleiten, und es wird von diesem Worte Gottes her auch deutlicher, wie meine Ausführungen verstanden werden wollen. Der Prophet Jeremia erhielt bei seiner Berufung von Gott einen schweren, zunächst erschreckenden Auftrag (Jer. 1, 10): »Siehe, ich setze dich heute über Völker und Königreiche, daß du ausreißen, zerbrechen, verderben und zerstören sollst und bauen und pflanzen.« *Vierfach* ergeht hier der Auftrag zur Vernichtung an den Boten Gottes. Er soll ausreißen, zerbrechen, verderben, zerstören! Ist das nicht ein furchtbarer Auftrag? Und erst dann, wenn er dieses Vernichtungswerk im Namen Gottes getan hat, darf er pflanzen und bauen.

So hart dieser Auftrag in unseren Ohren klingen mag, so notwendig ist er. Ebenso wie der verfilzt und fest gewordene Ackerboden von der eisernen Pflugschar zerschnitten und zerbrochen werden muß, damit ein Samenkorn in ihn gesenkt werden kann, das aufgehen soll, und ebenso wie die Rebe mit dem scharfen Winzermesser immer wieder beschnitten werden muß, damit sie Frucht bringt und keine Herlinge — ebenso müssen wir Menschen uns immer wieder Herz und Sinn reinigen, d. h. unsere Vorstellungen und Erkenntnisse zerstören und niederreißen lassen, damit wir das Wort Gottes richtig aufnehmen und bewahren können. So steht auch vor mir heute der Auftrag, zu zerstören und niederzureißen, ehe ich pflanzen und aufbauen darf.

[7] Erstmals erschienen in einem Sonderheft »Naturwissenschaft und Gotteserkenntnis«, Evgl. Akademie, Mannheim, 6. Auflage 1965.

Demselben Jeremia trägt Gott alsbald nach seiner Berufung eine Botschaft auf für das Volk Israel (Jer. 2, 13): »Mein Volk tut eine zwiefache Sünde: Mich, die lebendige Quelle, verlassen sie und machen sich ausgehauene Brunnen, die löcherig sind und kein Wasser haben.« Wir wollen beachten, wem dieses Wort Gottes gilt! *Seinem* Volke, dem Volke Gottes. Es heißt in diesem Wort: *Mein* Volk tut eine zwiefache Sünde. Damals war es das Volk Israel, das Gott sich zu seinem Eigentum erwählt hatte. Seit dem Tage aber, da Jesus den neuen Bund in seinem Blute geschlossen hat, gibt es ein anderes Gottesvolk: Die, die auf seinen Namen getauft sind; die, die sich nach ihm Christen nennen dürfen. Das neue Gottesvolk ist die Christenheit auf Erden.

Wir wollen von diesem Gotteswort her verstehen, was zu sagen ist. Als Teil der Christen, als Glieder des neuen Gottesvolkes gilt auch uns dieses Wort Gottes: *Mein* Volk, die Christenheit, tut eine zwiefache Sünde. Mich, die lebendige Quelle, verlassen sie und graben sich löcherige Brunnen, die kein Wasser haben. Diese löcherigen Brunnen sind es, die ich bei vielen Menschen von heute niederreißen und zerstören muß, damit wir zurückfinden können zu der lebendigen Quelle. Erst wenn der Zugang zu dieser Quelle wieder freigelegt ist, hat es Sinn, zu pflanzen und aufzubauen.

Gotteserkenntnis ist wohl das höchste, worüber menschlicher Geist nachdenken kann und eh und je nachgedacht hat. In der Frühzeit der Menschheitsgeschichte finden wir weithin mythische Gottesvorstellungen. Wir brauchen nur an unsere eigenen Vorfahren zu denken, die Germanen, mit ihren Göttersagen oder an die Götterwelt der alten Griechen und Römer, wie sie uns bei Homer oder Vergil entgegentritt. Aber ebenso treffen wir mythische Gottesvorstellungen bei den ersten großen Menschheitskulturen der Babylonier, der Ägypter, der Sumerer, der Kreter, um uns nur auf den Mittelmeerraum zu beschränken. Trotz der großen kulturellen Höhe, die sie inne hatten, sind sie in einem mythischen Götterglauben befangen, in dem Glauben an Gestirne, an Naturgötter, in einem Pantheismus oder Polytheismus. Aber inmitten dieser Vielzahl von mythischen Vorstellungen und Kulten begegnen uns zwei Völker des Abendlandes, denen Gott es schenkt, den mythischen Götterglauben zu überwinden: Die geistige Abkehr vom Mythos gelingt den Griechen und den Juden. Beide Völker werden hierbei einen anderen Weg geführt. Wir wollen ihn uns kurz vergegenwärtigen, weil von daher auch unsere eigene Situation von heute entscheidend beleuchtet wird.[8]

Die Griechen finden in einem jahrhundertelangen Ringen und Durchdenken die Überwindung ihres mythischen Götterglaubens im Seinsbegriff der griechischen Philosophie. Das wahrhaft Seiende, das höchste Gut, die vernünftige Ordnung im Kosmos sind es, die ihnen den festen Punkt im Wechsel der Erscheinungen geben. Auf der Höhe ihrer denkerischen Entwicklung wurden die Griechen von der Erkenntnis überwältigt, daß die Regelmäßigkeit der Planetenbewegungen nur durch eine beständig wirksame göttliche Weltvernunft, den nous, erklärt werden könne. Von der Bewegung der Planeten schlossen sie auf einen göttlichen Beweger. So hatte bei den Griechen der Gedanke an eine monotheistische Weltordnung, wie man es nennen könnte, über die Gestirnsmythen und Götterbilder gesiegt. Und dieser monotheistische Gottesglaube wuchs dann bei Plato und Aristoteles mit Physik und Philosophie zu der großartigen Einheit der griechischen Metaphysik zusammen. Es war *der Weg des Denkens*, auf dem diese Griechen, fußend auf der *allgemeinen Gottesoffenbarung*, schließlich zu ihrer Gotteserkenntnis gekommen waren und von daher das Bild des unbewegten Bewegers formten.

Den Juden dagegen, dem Volke Israel, wurde die besondere *Gottesoffenbarung durch das Wort* zuteil. »Ich bin der Herr, dein Gott, der dich aus Ägyptenland geführt hat, du sollst keine anderen Götter neben mir haben.« Mit diesen Worten hat der Gott Abrahams, Isaaks und Jakobs das Volk Israel in der Stunde des Bundesschlusses auf dem

---

[8] Für eine ausführliche Darstellung verweise ich auf das ausgezeichnete Buch von Günter Howe: Der Mensch und die Physik, 3. Auflage 1955, Jugenddienstverlag Wuppertal-Barmen; Neubearbeitung, Eckart Verlag, Witten 1963.

Berge Sinai zu seinem Volke gemacht und damit seine völkische Existenz erst eigentlich begründet. Dieser Gott Israels aber ist nun *nicht ruhendes Sein,* sondern *dynamisches Handeln.* Das griechische Denken war auf die vernünftige *Ordnung* im Kosmos gerichtet. Israel dagegen bezeugt die Erschaffung der Welt als die erste der großen *Taten* Gottes.

Das eine: Gotteserkenntnis, auf dem Wege des Denkens, von unten nach oben; das andere: Gotteserkenntnis, auf dem Wege der Offenbarung, von oben nach unten. Das ist, ganz kurz gesagt, der wesentliche Unterschied in diesen beiden Arten der Gotteserkenntnis. Aber im Urteil Gottes heißt es: Löcherige Brunnen, die kein Wasser geben, das eine. Und lebendige Quelle, die sich nie erschöpft, das andere.

Noch eins ist hier hervorzuheben: Erst auf dem Boden dieses Bundesschlusses, den Gott mit seinem Volk eingegangen ist, wird deutlich, wer Gott ist und wer der Mensch ist. Erst hier gibt es wirkliche Freiheit der Entscheidung, gibt es Gehorsam und Ungehorsam; erst hier gibt es Abfall und Empörung, gibt es Sünde vor Gott. Erst auf dem Boden dieses Bundesschlusses konnte Jesus gekreuzigt werden. Der ruhende Seinsbegriff als Gotteserkenntnis des griechischen Denkens stellt keine Forderungen an mich; er läßt mich bestenfalls zu einer hochgestimmten, erbaulichen, ehrfürchtigen Haltung kommen, zu Religiosität und Idealismus. Der Gott Israel dagegen gibt uns *Gebote,* tut uns seinen Willen kund: Du sollst, du sollst nicht. Diesen Geboten gegenüber kann ich den Gehorsam verweigern und damit vor Gott schuldig werden, also Sünder werden und sein. Jeder von uns ist es in den Augen Gottes.

Nun das Christentum! Es wurde von der jüdischen Frömmigkeit und von dem griechischen Geist her gleich heftig bekämpft und bedrängt. Aber es hat verstanden, das Erbe beider Völker recht aufzunehmen und zu verarbeiten; es ist an diesem geistigen Erbe gewachsen. Doch ist die Christenheit an dem immer wiederholten Versuch einer Synthese beider Arten von Gotteserkenntnis schließlich gescheitert. Der Gott des griechischen Denkens ist als der wahrhaft Seiende der Gott der ewigen Ferne und Unbeweglichkeit; der dreieinige

Gott der Christenheit dagegen *lebt.* Er lebt in der Fülle eines unerschöpflichen Lebens und wirkt aus dieser Fülle heraus Geschichte. Die großen Taten Gottes sind es, die wir als Christen immer wieder zu verkünden haben.

II.

Wie aber ist es gekommen, daß wir uns von dem lebendigen Gott weithin abgewendet und uns mit einem philosophischen Gottes- und Wahrheitsbegriff begnügt haben? Wie ist es gekommen, daß wir uns die löcherigen Brunnen gegraben haben, deren Wasser uns doch immer wieder durstig macht? Daß wir nicht dorthin gehen, wo wir das Wasser erhalten, das uns in Ewigkeit nicht dürsten läßt (Joh. 4, 14)? Es war einfach die *Logik im Denken* der Griechen, insbesondere bei Aristoteles, die Vernunft der griechischen Metaphysik, an der sich die jungen Völker des Abendlandes, vor allem die romanischen und germanischen Stämme, entzündet haben. Und es war der *logisch widerspruchsvolle,* von der Vernunft nicht und niemals zu begreifende *Inhalt der christlichen Gotteserkenntnis,* an der die unnatürliche Einheit von griechischem Denken und christlichem Glauben sich ständig rieb, sich auch heute immer noch reibt und an der sie schließlich zerbrochen ist, ohne daß es jedem von uns schon bewußt geworden wäre.

Wer an den lebendigen, persönlichen Gott Abrahams, Isaaks und Jakobs, an den Vater Jesu Christi glaubt, der weiß um die logische Unbegreiflichkeit Gottes. Der stimmt der Bibel zu, wenn sie sagt: Unser Gott ist unbegreifbar (Psalm 145, 3; Psalm 147, 5; Jes. 40, 28; Röm. 11, 33). Ich erinnere nur an einiges Wenige, um das sich unser Verstand immer wieder müht, wenn er anfängt, über Gott nachzudenken und sein Handeln und sein Wesen verstehen zu wollen. Man denke etwa daran, daß wir immer wieder hören: Gott ist gerecht, und auf der anderen Seite: Gott ist barmherzig. Wie viele, auch unter uns Christen, meinen: Das paßt doch nicht zusammen! Wenn Gott gerecht ist, gut, dann soll er mich richten. Dann will ich einstehen für meine Taten und verzichte auf seine Barmherzigkeit. Oder aber, wenn er schon barmherzig ist, wozu richtet er mich dann noch? Dann soll er doch gleich durchstreichen, was ich falsch gemacht habe, und mich annehmen in seiner grundlosen Barmherzigkeit. Aber gerecht *und* barmherzig zugleich, das ist nicht zu verstehen.

Genau so stehen sich der zornige Gott und der gnädige Gott gegenüber — und er ist wirklich beides. Sein Zorn ist total über uns Menschen, und seine Gnade ist total an uns Menschen! So gibt es noch viele derartige Gegensatzpaare: Der heilige, unnahbare, majestätische Gott, der für die Nichtachtung seiner Heiligkeit und Majestät Sühne fordert durch das Blut. Und auf der anderen Seite der liebende, Menschen suchende, sich erniedrigende, auf diese Erde herabkommende Gott — ist dieser Gegensatz mit dem Verstande zu begreifen? Muß man da nicht immer wieder fragen: Entweder ist er der Eine *oder* der Andere? Er kann doch nicht beides zugleich sein, der Gott des Alten Testaments und der Gott des Neuen Testaments? Und doch müssen wir immer wieder antworten: Es *ist* ein und derselbe Gott, der so unterschiedlich, so gegensätzlich sich uns offenbart.

Und auch wenn ich sage, er hat sich uns offenbart, erhebt sich schon wieder ein Gegensatzpaar: Diesem sich offenbarenden Gott tritt immer der verborgen bleibende Gott gegenüber, der deus absconditus dem deus revelatus. Ist das mit unserer Logik zu begreifen? Sicher nicht. Und doch ist es richtig, Gott hat sich offenbart. Er hat es getan in einer Weise, in der Licht genug für jeden da ist, der nichts anderes will als sehen. Und ebenso ist es richtig, daß er zugleich der Verborgene bleibt und sich verhüllt. Es ist Finsternis genug da für jeden, der nichts anderes will als nicht sehen. Mit dem Verstande ist diese Gegensätzlichkeit in der Art der Offenbarung Gottes zu uns Menschen nicht zu begreifen, insbesondere vom griechischen Denken her nicht zu fassen, wo alles einheitlich durch seine Eigenschaften her bestimmt sein muß. Auch Gott, der Eigenschaftsträger der höchsten Aussagen, müßte einheitlich begreifbar sein. Wenn sein Wesen Widersprüche in sich trüge, würde er sich selbst dadurch aufheben, meint jeder, der sich Gottes mit dem Verstande bemächtigen will.

Wie kam es, daß nun trotzdem diese beiden grundverschiedenen Arten der Gotteserkenntnis in der Geschichte der Christenheit zu einem Bündnis zusammengeschlossen wurden und daß dieses Bündnis von der christlichen Kirche nicht nur beibehalten, sondern sogar noch sanktioniert wurde? Das vollzog sich in der Auseinandersetzung der Kirche mit dem Islam. Dieser betont vor allem die Einheit Gottes, bezweifelt von daher grundsätzlich eine Offenbarung des dreieinigen Gottes, lehnt insbesondere die Offenbarung Gottes in seinem Sohn Jesus Christus ab und gerät von da aus in einen starken Skeptizismus und Fatalismus hinein. Doch der Islam war es, d. h. die arabische Philosophie, die dem Abendland des Mittelalters die Werke von Aristoteles vermittelte. Auch seine naturwissenschaftlichen Schriften haben erst auf dem Umweg über die arabischen Philosophen Eingang in das Abendland gefunden. Und die Kirche von damals lernte aus diesen Schriften erkennen — mit Bewunderung einerseits und mit Schrecken andererseits — welcher Leistungen der menschliche Geist auch ohne das Wort der Offenbarung fähig ist. Es kam also alles darauf an, die in Aristoteles und seinem Denken verkörperte Geistesmacht für die Christenheit nicht zu einem Mittel eines allgemeinen Skeptizismus werden zu lassen, sondern im Gegenteil zu einem Mittel vertiefter Gotteserkenntnis.

Diese kritische Situation wurde in einer der größten denkerischen Leistungen der Geschichte durch Albertus Magnus und Thomas von Aquin gemeistert. Damals erfolgte die außerordentlich enge Verbindung der christlichen Theologie mit der griechischen Philosophie. Das Bündnis zwischen Christentum und Antike wurde zu einer höchsten, aber auch äußerst gefährlichen Klarheit gesteigert. Seit Albert und Thomas lernte man die *eine* Wahrheit auf *zwei* Weisen zu begründen: Einmal aus dem Lichte der göttlichen Offenbarung heraus und zum anderen aus der Selbstgewißheit der menschlichen Vernunft. Beide Gottesvorstellungen wurden miteinander verschmolzen, die auf göttlicher Offenbarung beruhende Erkenntnis von Gott als dem Vater Jesu Christi und die Idee des göttlichen Seins der griechischen Philosophie, zu der die menschliche Vernunft durch ihr Denken hingeführt hatte. Das Urteil Gottes zu diesem Bündnis: Wie lange wollt ihr noch auf beiden Seiten hinken?!

Damals kam man zu der Überzeugung, daß der Gott Abrahams, Isaaks und Jakobs in eins gesetzt werden dürfe mit der griechischen Gottesidee des höchsten Seins. Damit war die Situation zwar zunächst gerettet, aber zugleich der Ansatzpunkt für eine weitgehende Säkularisation der christlichen Glaubensinhalte außerhalb der Kirche gegeben. In dem Augenblick, wo man die aristotelische Naturerkenntnis übernahm, verhaftete man die Gotteserkenntnis immer stärker mit unseren Vorstellungen von der Natur. Es war unvermeidlich, daß jede astronomische und physikalische Entdeckung zu einer schweren Erschütterung eines auf Naturwissenschaft gestützten Gottesglaubens führen mußte. Das ist auch der Grund für die nun beginnende Loslösung der Naturerforschung von der Kirche, für die Feindschaft zwischen Naturwissenschaft und Theologie. So endete das Bündnis von griechischer Philosophie und christlicher Theologie mit einer schweren Bedrohung des christlichen Glaubens durch die Naturwissenschaft der Neuzeit, weil die Christenheit sich trotz aller Warnungszeichen, die Gott immer wieder schickte, nicht rechtzeitig von dem Erbe der Antike hatte lösen wollen oder können.

Was ist in diesem Zusammenhang als Warnungszeichen für die Christenheit zu verstehen? Ich nenne nur das Zeugnis zweier Männer, die wie wenig andere um wahre Gotteserkenntnis gerungen haben. Einmal den französischen Philosophen Blaise Pascal und zum anderen den deutschen Philosophen Friedrich Nietzsche. Von Blaise Pascal ist ein Memorial überliefert,[9] das mit dem Ausruf beginnt: »Der Gott Abrahams, Isaaks und Jakobs, nicht der Gott der Philosophen!« Wir sehen in diesem Bekenntnis Pascals blitzartig die ganze Situation erhellt, von der ich bis jetzt gesprochen habe. Daß es erstens dieses Bündnis gegeben hat: der Gott Abrahams, Isaaks und Jakobs gleichgesetzt mit dem Gott der Philosophen. Daß zweitens dieses Bündnis nicht tragbar ist für einen Men-

[9] Vgl. etwa H. Giesekus, Erkenntnis des Wirklichen — der Weg des Blaise Pascal. Verlag R. Brockhaus, Wuppertal 1954.

schen, der wirkliche Gotteserkenntnis haben will. Zum dritten, daß man sich entscheiden muß für eine dieser beiden Arten der Gotteserkenntnis. Und zum vierten, für welchen Gott sich Pascal entschieden hat: für den Gott Abrahams, Isaaks und Jakobs, nicht für den Gott der Philosophen.

Das andere Zeugnis, von Friedrich Nietzsche, ist bekannt. Sein Urteil: »Gott ist tot« ist nicht der Aufschrei eines hysterisch gewordenen Philosophen, sondern ist nur die nüchterne Feststellung einer geschichtlichen Tatsache. Welcher Gott ist tot? Der Gott der Philosophen! Der hat nie gelebt, ist ein toter Götze, der niemals eine geschichtliche Mächtigkeit besessen hat. Wir haben mit Nietzsche nicht darüber zu rechten, daß er mit seinem Urteil den Gott der Christenheit treffen wollte. Denn wir Christen sind es, die ihn zu diesem Urteil veranlaßt haben. Wir sind kaum noch Zeugen für den lebendigen Gott. Denken wir nur an jenen anderen Ausspruch Nietzsches: »Die Christen müßten erlöster aussehen, wenn ich an ihren Erlöser glauben sollte.« Wir haben, um die Ablehnung des Christentums durch Nietzsche zu überwinden, als Christen, als einzelner und als Gemeinde, nichts anderes zu tun, als unser Christentum zu *bewähren*, aber ein Christentum, das durch das ganze Fegefeuer Nietzschescher Kritik hindurchgegangen ist.

III.

Was hat das alles nun mit der Naturwissenschaft von heute zu tun? Erschütterungen dieses Jahrhunderts haben jedem, der Augen hat zu sehen, gezeigt, daß nicht nur das naturwissenschaftliche Weltbild der Neuzeit zusammengebrochen ist, sondern auch die andere Säule, auf der unsere Lebensorientierung weithin beruhte, vielleicht immer noch beruht, nämlich die griechisch-christliche Metaphysik. Der allgemeine Gottesbegriff dieser Metaphysik und die darauf begründeten ethischen Ordnungen und moralischen Prinzipien können dem Menschen von heute in den Grenzsituationen, denen er immer wieder ausgesetzt ist, nicht den Halt geben, den er zur Bewahrung seines Menschseins braucht. In seiner Angst und

Haltlosigkeit kann ihm nur die Abkehr von diesen löcherigen Brunnen helfen, die Abkehr von dem naturwissenschaftlichen Weltbild der Neuzeit und von der griechisch-christlichen Metaphysik. Und er muß sich hinwenden, erneut hinwenden zu dem lebendigen Gott, der lebendigen Quelle. Nur dann hat er Leben, hat er Halt, nur dann gilt ihm dieses Wort: »In der Welt habt ihr Angst, aber seid getrost, ich habe die Welt überwunden« (Joh. 16, 33).

In dieser Entscheidung zwischen dem Gott der Philosophen und dem lebendigen Gott Abrahams, Isaaks und Jakobs, dem Vater Jesu Christi, kann es vielleicht eine Hilfe sein, wenn der Mensch von heute erfährt, daß die moderne Physik ebenfalls die Abkehr von der griechischen Metaphysik vollzogen hat, weil sie erkannte, daß die aristotelische Logik und die neuzeitliche Erkenntnistheorie nicht ausreichen, um die Wirklichkeit um uns in ihren innersten Gegebenheiten und Gesetzmäßigkeiten zu erkennen und zu beschreiben. Ich zeige das nur an einem einzigen Beispiel, dem Begriff der Materie. Die Materie ist nicht das ruhende Sein, das wir einmal ausgezogen sind zu entdecken. Sie ist wirkendes Geschehen und in ihrer Unzugänglichkeit immer wieder ein Geheimnis, das sich jedem Zugriff entzieht. Wir vollziehen damit als Physiker eine Abkehr von Aristoteles, von dem griechischen Seinsbegriff, von der Idee einer objektiven Wahrheit, die man erkennen und lehren, begreifen und für wahr halten könnte.

Genauer gesagt erweist sich Materie als ein komplementäres und nicht objektivierbares Geschehen. Komplementär nennen wir dieses Geschehen deshalb, weil wir ihm Eigenschaften zuordnen müssen, die sich zwar gegenseitig ausschließen, aber nur gemeinsam das Geschehen kennzeichnen. Materie kann sich dem Beobachter im Experiment unterschiedlich manifestieren, sowohl als eine Wellenerscheinung wie als eine Teilchenerscheinung. Und Welle und Teilchen sind komplementäre, gegensätzliche Begriffe, die sich für unser Anschauungsvermögen gegenseitig ausschließen. Eine Welle ist etwas, das von einem Punkt im Raume ausgeht, aber dann den ganzen Raum kontinuierlich erfüllt. Ein Teilchen ist etwas, das auf einen Punkt im Raume beschränkt bleibt und nur diskreter Bahnen fähig ist. Das Licht, allgemeiner jede Form von Energie und damit alle Materie, ist Wellenbewegung und Teilchenerscheinung *zugleich* und in diesem »zugleich« mit aristotelischer Logik nicht erfaßbar. Es ist kein Eigenschaftsträger, der durch seine Eigenschaften eindeutig bestimmbar wäre, sondern der entgegengesetzte Eigenschaften aufweist. Das macht wiederum die Abkehr vom aristotelischen Substanzbegriff deutlich.

Und nichtobjektivierbar heißt, daß es sich bei dem Verhalten der Materie zwar um ein objektives Geschehen handelt, daß wir aber die *Aussage* über dieses Geschehen nicht loslösen dürfen von dem konkreten Beobachtungszusammenhang, in dem wir die Beobachtung gemacht haben. Das Licht — und damit jede Materie — »ist« in einer bestimmten Gruppe von Experimenten Wellenerscheinung und »ist« in einer anderen Gruppe von Experimenten Teilchenerscheinung. Ein Widerspruch ergibt sich nur, wenn wir eine solche Aussage zu einer objektivierten Aussage machen: das Licht sei »an sich« eine Wellenerscheinung oder »an sich« ein Teilchenvorgang. Dieses Nichtherauslösendürfen nennen wir die Nichtobjektivierbarkeit der Erkenntnis, der Aussagen über die Wirklichkeit. Und hiermit wenden wir uns ab von einem anderen Philosophen, der das neuzeitliche Denken des Abendlandes stark geprägt hat, von René Descartes. Durch ihn ist die sogenannte *Descartessche Spaltung* in unser Denken und unsere Wirklichkeitserkenntnis hineingekommen: Die Spaltung in eine res cogitans, den Menschen, das Subjekt, das denkt, und eine res extensa, die Natur, das Objekt, über das nachgedacht wird — eine unheilvolle Spaltung, die im Bereich der Mikrophysik nicht mehr vollziehbar ist, weil sie der Wirklichkeit, wie sie sich im Experiment zeigt, widerspricht. Wir können die Aussagen über die Beobachtungen, die wir gemacht haben, nicht objektivieren. Die Frage nach dem »Sein« der Materie — und damit auch die Frage nach dem »Sein« des Menschen — ist zu einer naturwissenschaftlich gegenstandslosen Frage geworden, weil die Natur uns keine Antwort darauf gibt.

IV.

Nun die kategoriale Analogie in unserem Bekenntnis zu Gott, dem Allmächtigen! In der Schrift wird uns *eine* absolute Aussage über das Wesen Gottes gegeben, die er Mose sagt: Ich bin, der ich bin (2. Mos. 3, 14). Aber über alle anderen Eigenschaften, die die Schrift uns von Gott nennt, gibt sie uns in *dem* Sinne nur *relative* Aussagen, daß es Aussagen sind über seine *Hinwendung zu den Menschen,* zu uns, zu den einzelnen und zu den Völkern. Und diese Aussagen sind komplementär — wenn ich der Analogie halber den physikalischen Ausdruck hier verwenden darf — wie ich es vorhin aufgezeigt habe: Gerecht und barmherzig, zornig und gnädig, den Menschen unnahbar und Menschen suchend, der verborgene und der sich offenbarende Gott — das alles sind Eigenschaftsaussagen, die über Gott als »Eigenschaftsträger« bei seiner Hinwendung zu den Menschen gemacht werden. Deshalb ist er vom griechischen Denken her niemals erfaßbar, das mit der Idee des objektiven, unbewegten Seins zu einem einheitlich zu verstehenden Gottesbegriff gekommen war. Die Aussagen über Gottes Wesen und Eigenschaften sind nicht objektivierbar. Mit einem an der aristotelischen Logik geschulten Denken kommen wir zu einem Widerspruch, wenn wir sagen: Gott ist an sich gerecht — Gott ist an sich barmherzig. Oder: Gott ist an sich, d. h. seinem Wesen nach, der zornige, heilige, unnahbare, richtende, rächende Gott und er ist, seinem Wesen nach, der liebende, gnädige, mich suchende und zu sich ziehende, rettende Gott. Nur die eine oder die andere Art, aber nicht beides zugleich könnte, so meinen wir, denkmöglich sein.

Zu einer Überwindung dieser Antinomie kommen wir erst dadurch, daß wir uns — dem Vorbild in der Physik folgend — abkehren von dem Denken, in dem wir groß geworden sind, und uns hinwenden zu dem neuen Denken, das in der Physik der Gegenwart in einem harten Ringen um Naturerkenntnis erarbeitet worden ist. Die Aussagen über das Wesen Gottes werden uns nur deshalb so gegensätzlich, weil wir sie aus dem konkreten Geschichtszusammenhang herauslösen, den das Handeln Gottes setzt. Das beginnt damit, daß wir die Zehn Gebote ablösen von dem, der sie gegeben hat, und daraus eine allgemeine Ethik machen, die wir im Leben nicht bewähren können. Es setzt sich damit fort, daß wir die Bergpredigt ablösen von dem, der sie gehalten hat, und dann nichts mehr mit ihr anfangen können. Und es endet damit, daß wir nichts mehr wissen wollen vom Ziel des Handelns Gottes, dem Heilsgeschehen, das er in Jesus Christus für uns bereitet hat. Beachten wir diesen Geschichtszusammenhang, so dürfen wir wissen: Auf Golgatha, wo Jesus von Nazareth gerichtet wird, erweist sich Gott als der rächende, gerechte, zornige und heilige Gott, der für die Nichtachtung seiner Majestät und Heiligkeit durch uns Menschen Sühne fordert durch Blut. Indem er Jesus richten läßt, richtet er die ganze Menschheit, auch jeden von uns. Aber die Aussagen über Gerechtigkeit und Gericht Gottes dürfen wir nicht von diesem Handeln an Jesus von Nazareth auf Golgatha ablösen. Und die andere Seite des Wesens Gottes ist nur zu erkennen in dem weiteren, mit der Kreuzigung unmittelbar verbundenen geschichtlichen Handeln Gottes, mit der Auferweckung Jesu von den Toten. Hierin erfahre ich Gott als den barmherzigen und gnädigen, mich liebenden und zu sich ziehenden, mich rettenden und erlösenden Gott. Aber auch diese Aussagen über Gott dürfen nicht aus dem Zusammenhang gelöst werden, d. h. nicht ohne die Verkündigung der wirklich geschehenen Auferstehung Jesu Christi erfolgen.

Noch ein Letztes: Wer sich das anhört, darf nun nicht den Fehler begehen, den wir Menschen immer wieder gern machen, daß wir nämlich das Handeln Gottes in Jesus von Nazareth aus der Distanz betrachten, als ginge es uns gar nichts an. Daß wir aus dem Heilsgeschehen eine res extensa machen und uns als res cogitans darüber stellen und Urteile fällen: Das weiß ich alles, aber es interessiert mich nicht. Ich verstehe es nicht, ich kann nichts damit anfangen. — Sondern daß wir uns auch hierbei vom modernen physikalischen Denken, von der Überwindung der Descartes'schen Spaltung leiten lassen und uns sagen: Wir sind ja in das Heilsgeschehen Gottes hineingenommen! Daß jeder von uns erkenne: Das ist ja *für mich* geschehen. Jesus Christus ist *für mich* gerichtet worden, auf daß *ich* frei ausgehen darf. *Ich* habe das Todesurteil verdient, das statt an mir an Jesus vollstreckt wurde. Wer das als für sich geschehen annimmt, erfährt sich selbst vor dem Kreuze Jesu als Sünder, Gott aber in der Auferstehung Jesu als den, der ihn annimmt und begnadigt, weil ihm der Sohn den Weg zum Vater gebahnt hat. So meint es auch das bekannte Wort Martin Luthers: Simul justus et peccator — zugleich gerechtfertigt und Sünder. Das heißt: Total gerechtgesprochen vor Gott und total Sünder vor Gott in einunddemselben Augenblick. Ich erfahre dieses dem aristotelischen »entweder -oder« ganz und gar entgegengesetzte »zugleich« im Blick auf das Geschehen von Golgatha, sobald ich das, was dort geschehen ist, als für mich geschehen in Anspruch zu nehmen wage. Dabei erkenne ich, daß ich der Sünder, der von Gott getrennte Mensch bin und sein Urteil über mich verdient habe, erfahre aber zugleich, daß Gott das Opfer seines Sohnes auch für mich anerkennt, mich annimmt und mir vergibt, daß ich ohne ihn leben wollte.

Ich fasse zusammen:

1. Wir alle wollen unsere persönliche Gotteserkenntnis dahin überprüfen, wie weit wir selbst noch in dem Denken der griechisch-christlichen Metaphysik und in dem mechanistischen Weltbild der Naturwissenschaft befangen sind, die beide überholt und beide nicht tragfähig sind. Meinen auch wir, daß der Mensch von Natur aus gut sei und einen göttlichen Funken in sich trage? Reden auch wir noch vom Jenseits und von der Unsterblichkeit der Seele? Oder beugen wir uns dem Urteil des lebendigen Gottes, daß wir mit all unserem Denken *und* Trachten, mit Leib, Seele *und* Geist der gefallenen Schöpfung angehören? Daß er deshalb uns heiligen muß und nur er unseren Geist samt Seele und Leib bewahren kann (1. Thess. 5, 23)? Daß er es aber auch tun will und ewiges Leben — nicht Unsterblichkeit — geben will allen, die an seinen Sohn, an Jesus Christus glauben?

2. Wenn es uns ernst ist mit der Wahrheit, so gehört doch

als erstes dazu, etwas Verbindliches und Zuverlässiges über Gott zu wissen. Enttäuschungen mit Gott erlebt nur, wer sich falsche Vorstellungen von ihm macht. Gottes Wahrheit ist *keine Lehre*, die man formulieren und begreifen kann. Sie ist eine *Person* (Joh. 14, 6), die nur in der Begegnung erfahren werden kann. In dieser Begegnung, um die ich jederzeit bitten darf, erkenne ich dann — wenn sie mir geschenkt wird — wie Gott ist und wie ich selbst bin.

3. Naturwissenschaftliche Erkenntnis stellt heute kein Hindernis mehr dar, an *den* Gott zu glauben, den mir die Bibel im Alten und im Neuen Testament bezeugt. Das Denken der Physik der Gegenwart weist kategoriale Analogien zum Denken der Theologie auf. Diese Wandlung ist im wesentlichen dadurch gekommen, daß beide in den letzten vier Jahrzehnten *neu gelernt haben zu hören:* Der Theologe, der Ehrfurcht vor der Bibel hat, neu auf das Wort Gottes, der Naturwissenschaftler neu auf die Antworten, die die Natur ihm auf seine Fragen, die Experimente, gibt. Für einen Naturwissenschaftler, der zum Glauben gekommen ist, ist es nicht verwunderlich, daß sich die Wirklichkeit um uns, die Materie, ebenso komplementär und nichtobjektivierbar erweist, wie es die Offenbarung Gottes in seinem Wort und in seinem Handeln ist.

4. Auch die Auffassung vom Wesen des Menschen und seiner Beziehung zu Gott muß vom Bann der philosophischen Denktraditionen befreit werden. Für den Menschen, der sich als Träger eines göttlichen Funkens oder einer unsterblichen Seele versteht, ist sein Menschsein der unmittelbarste und sicherste Besitz. Ebenso ist ihm erst mit seinem Menschsein die Voraussetzung zu einer Begegnung mit Gott gegeben. Nach dem Zeugnis der Schrift aber ist der Mensch nicht erst Mensch und macht sich — sozusagen nach seinem Belieben — zum Bundesgenossen Gottes. Sondern der Mensch ist urprünglich Partner Gottes, von ihm her erwählt, und er verleugnet und gefährdet sein Menschsein, wenn er aus dieser Partnerschaft herausfällt. Tatsächlich sind wir herausgefallen und haben nicht die Möglichkeit, uns von uns aus in die Gemeinschaft mit Gott zurückzubegeben, sondern müssen uns durch Je-

sus Christus aus diesem verkehrten Geschlecht erretten lassen (Apg. 2, 40).

5. Der Gott der Philosophen ist ein toter Gott, ein Götze. Auch für die Menschen, die daran glauben, ist diese Gotteserkenntnis die von einem einsamen, beziehungslosen Gott, der irgendwo weit in einem Jenseits wohnt. Dieser beziehungslose Gott der Philosophen, das transzendente Absolutum, hat als sein Gegenüber ebenfalls ein Abstraktum, die Menschheit. Wir aber wissen von einem Gott, der in ewiger Gemeinschaft mit seinem Sohn als der Vater Jesu Christi lebt und aus dieser Gemeinschaft heraus sich seine Gemeinde in dieser Welt baut. Das Gegenüber dieses lebendigen Gottes ist die lebendige Gemeinde, der Leib Jesu Christi, und durch sie auch der einzelne Mensch. Erst in dieser Gemeinde können wir unser Menschsein erfahren und bewahren.

6. Wir Heutigen sind selbstverständlich als Kinder unserer Zeit weitgehend vom Denken der Antike, vom Humanismus und Idealismus geprägt. Das braucht kein Fehler zu sein. Ich will nicht dieses Denken als solches verwerfen. Worauf es aber ankommt, ist, daß wir die Grenzen erkennen und anerkennen, die dem menschlichen Denken gesetzt sind, auch wenn es die Weite, Tiefe und Höhe des griechischen Denkens besitzt. Dieses menschliche Denken ist in jedem Falle ein unzureichendes Mittel zur Gotteserkenntnis (1. Kor. 2, 10. 11). Wenn wir etwas Zuverlässiges von Gott oder über Gott erfahren wollen, so müssen wir dort suchen, wo er zu finden ist, wo er aus der Verborgenheit heraustritt: in seinem Wort und seinem Handeln, wie es uns überliefert ist durch die Propheten, durch Jesus Christus und die Apostel. Und bei dem Suchen nach Gott müssen wir uns leiten lassen vom Geist Gottes, diesem Geist, der uns in alle Wahrheit leitet (Joh. 16, 13). Es gehört Mut dazu, darum zu bitten und sich dem Wort zu beugen, das uns von dorther trifft, die Grenzen unseres Denkens zuzugeben und Gott so anzuerkennen, wie er sich uns bezeugt hat und immer wieder bezeugt. Und es erfordert einen Entschluß, sich von dem Gott der Philosophen loszusagen und dem lebendigen Gott die Ehre zu geben.

7. Gottes Handeln ist Liebe. Aber sie erfährt Widerstand, den Widerstand der Sünde. Unbegreiflich, aber ohne diesen Widerstand gäbe es keine Geschichte. Sünde ist jedoch stets *meine* Sünde, d. h. meine Verwerfung der Liebe Gottes. Darum gilt Gottes Handeln stets *mir*. Zugang zu seiner Liebe erhalte ich erst durch Aufgeben meines Widerstandes gegen Gott. Nur Kreuz und Auferstehung als geschichtliche Tatsachen machen mir dies Aufgeben möglich. Ich bin gefragt und gebeten zuzugreifen.

Das vorstehende Thema ist in Form einer Frage formuliert, und mancher wird erstaunt sein, daß diese Frage überhaupt noch aufgeworfen wird. Denn es scheint doch allgemeine Überzeugung innerhalb und außerhalb der Kirche zu sein, daß darauf nur mit einem glatten Nein zu antworten ist: Selbstverständlich paßt das Weltbild der Bibel nicht mehr in die heutige Zeit! Deshalb bemüht sich ja eine moderne Richtung der Theologie, eine neue Interpretation für die Aussagen zu geben, die in unserem christlichen Glauben von dem naiven Weltbild her geprägt zu sein scheinen. Das hat mit liberaler Theologie angefangen und setzt sich heute mit Entmythologisierung und existentialer Interpretation fort. Wie man z. B. dem Buch des englischen Bischofs Robinson entnehmen kann, ist der Ausgangspunkt aller Bemühungen, der Gemeinde den christlichen Glauben wieder nahe zu bringen, im allgemeinen die Tatsache, daß die Kirche viel zu lange an dem naiven Weltbild festgehalten hat, mit dem man nichs mehr anfangen kann. Früher konnte man sich Gott irgendwo *über* der Welt denken. Nachdem jedoch das naive Weltbild durch die Naturwissenschaft zerstört war, wurde aus diesem Gott über der Welt ein Gott *außerhalb* der Welt, etwas Transzendentes, Jenseitiges. Inzwischen aber hält man es für selbstverständlich, daß es außer der sichtbaren, gegenständlichen Welt nichts gibt und deshalb ein »Außerhalb« sinnlos ist. Und so hat sich, im Sinne des Buches von Bischof Robinson, die Gottesvorstellung dahin gewandelt, daß man nur von einem Gott innerhalb der Welt, ja des Menschen sprechen dürfe. Man legt diesem »Gott« wohlklingende philosophische Ausdrücke bei, nennt ihn etwa das »Wie meiner Existenz« oder das »Woher meines Umgetriebenseins«, aber von dem lebendigen, persönlichen Gott, von dem Gott Abrahams, Isaaks und Jakobs, von dem Vater Jesu Christi wagt man nicht mehr zu reden.

---

[10] Vortrag auf einer Kirchlichen Woche, bisher nicht im Druck erschienen.

Diese Wandlung hängt letzten Endes damit zusammen, daß das naive Weltbild mit seinen drei Stockwerken Himmel, Erde und Hölle auch heute noch, und nicht nur im Raume der Christenheit, weithin als die Sicht der Bibel angesehen wird. Wenn ich hier die scheinbar längst erledigte Frage nach dem biblischen Weltbild wieder aufgreife, so liegt mir im Grunde nur daran, daß wir uns als Christen erneut fragen, ob das, was viele als selbstverständlich ansehen, auch wirklich zutrifft. In diesem Sinne gebe ich zunächst eine vorläufige Antwort:

Ob das Weltbild der Bibel in die heutige Zeit paßt, hängt einmal davon ab, was man unter dem Weltbild der Bibel versteht, zum anderen davon, ob man wirklich in der heutigen Zeit lebt!

Ich stelle nun zwei Thesen auf, die ich näher begründen werde. Dann mag sich jeder die endgültige Antwort auf unsere Frage von meinen beiden Thesen her selbst geben. Die erste These: *Das sogenannte naturwissenschaftliche Weltbild ist nicht das Weltbild der Naturwissenschaft.* Die zweite These: *Das sogenannte biblische Weltbild ist nicht das Weltbild der Bibel.* Damit will ich deutlich machen, daß wir in einer überlieferten Vorstellung festgefahren sind und umdenken sollten.

I.

Die meisten von uns werden wahrscheinlich annehmen, daß das naturwissenschaftliche Weltbild jenes ist, in dem das Universum sich nach allen Richtungen hin ins Unendliche ausweitet (so daß ein Himmel nicht mehr denkbar ist, wie es im naiven Weltbild noch möglich war), in dem weiter das Weltall auch in bezug auf die Zeit unendlich ist (also für alle Ewigkeit existiert, d. h. nie geschaffen wurde und niemals ein Ende haben wird), in dem ferner die Materie — der Stoff, aus dem alles in dieser Welt besteht — in ihren letzten Einheiten etwas Unzerstörbares und Unveränderliches ist und in dem schließlich die Naturgesetzlichkeit einen unabdingbaren, keinerlei Ausnahmen zulassenden Charakter trägt (Wunder also unmöglich sind). Das waren die Hauptzüge des sogenannten naturwissenschaftlichen Weltbildes, zu dem die Naturwissenschaft am Anfang dieses Jahrhunderts gekommen war und von dem der moderne Mensch mehr oder weniger bewußt immer noch geprägt ist. Wenn er aber wirklich ein Mensch der heutigen Zeit sein will, muß er diesem naturwissenschaftlichen Weltbild der Jahrhundertwende den Abschied gegeben und sich mit der neuen Sicht, die die Naturwissenschaft erarbeitet hat, vertraut gemacht haben. Es hat sich leider noch nicht zur Genüge herumgesprochen, daß die alte Sicht inzwischen von der Naturwissenschaft selbst naturwissenschaftlich widerlegt worden ist.

Wir haben heute ein anderes Verständnis von der Wirklichkeit um uns, von der sichtbaren, gegenständlichen Welt. Ich kann es nur kurz andeuten. Ich greife wieder die vier Begriffe heraus, die das sogenannte naturwissenschaftliche Weltbild gekennzeichnet haben: den Raum, die Zeit, die Materie, das Naturgesetz. Ich denke dabei nur an die unbelebte Welt. Der Raum, das Weltall, ist zwar riesig in seiner Ausdehnung, aber doch endlich, d. h. besitzt einen endlichen Rauminhalt. Wir sprechen von einem gekrümmten Weltall, das in sich selbst zurückläuft. Für uns ist dieses Weltall auch endlich in bezug auf seine zeitliche Dauer. Wir sind überzeugt, daß es erst eine bestimmte Anzahl von Milliarden Jahren existiert, zweifellos schon lange, aber keineswegs seit Ewigkeit. Das Alter der Welt wird unterschiedlich eingeschätzt; entscheidend ist, daß wir von einem Anfang der Welt in der Zeit reden und daß die Welt eine Geschichte hat, d. h. daß es sich beim Weltgeschehen um einen einmaligen unwiederholbaren Prozeß handelt, der auf ein bestimmtes Ende zugeht. So zeichnet sich auch in die Zukunft hinein ein Ende der Welt ab.

Die Materie, der Stoff, ist in seinen letzten Einheiten, den Elementarteilchen, durchaus nicht unzerstörbar oder unveränderlich; sie können sich wandeln: Strahlung kann in Materie umgesetzt werden, Materie kann zerstrahlen, kann auftauchen, verschwinden. Wir haben bei der Materie nicht mehr die Vorstellung von einem ruhenden Sein, das durch die Naturwissenschaft aufdeckbar wäre. Sondern Materie tritt uns entgegen als ein Geschehen, als Energie. Wo aber dieses Geschehen seinen Ursprung hat, ob es überhaupt einen Ursprung in der gegenständlichen Welt hat, wissen wir nicht. Wir brauchen es auch nicht zu wissen. Es genügt, daß sich Materie ereignet — als Schwingung oder als Impuls; dann können wir beobachten, messen, d. h. Erkenntnisse gewinnen. Die Fragen nach dem Sein, nach dem Woher, nach dem Wohin, nach dem Warum spielen für uns keine Rolle. Das sind keine naturwissenschaftlichen, sondern naturphilosophische Fragen. Wir brauchen die Antworten nicht, um forschen zu können.

Und auch die Naturgesetzlichkeit ist nicht von unabdingbarem Charakter; sie beruht letzten Endes auf Wahrscheinlichkeitsaussagen, die aus statistischen Beobachtungen gewonnen werden. Das gilt jedenfalls für den Bereich der Mikrophysik, der allem Geschehen unterlagert ist. Aber auch die makrophysikalischen Vorgänge nehmen dort ihren Ursprung. Und es ist das sogenannte Gesetz der großen Zahl, das einen Vorgang im Großen, der aus unzähligen indeterminiert ablaufenden Vorgängen im Kleinen resultiert, als determiniert erscheinen läßt — so determiniert, daß alle Anwendungen in Wissenschaft und Technik darauf aufgebaut werden können und der Glaube an die absolute Determiniertheit allen Naturgeschehens entstehen konnte.

II.

Vielleicht interessiert es, woher diese feste Überzeugung als Bestandteil des naturwissenschaftlichen Weltbildes stammt. Hier handelt es sich, wenn man so sagen darf, um einen tiefenpsychologischen Vorgang im Kollektivbewußtsein der Naturwissenschaftler. Es ist von der Naturwissenschaft niemals bewiesen worden, daß das Weltall in bezug auf den Raum unendlich ist, daß es hinsichtlich seiner zeitlichen Dauer unendlich ist, daß die Materie in ihren kleinsten Teilen unzerstörbar und unveränderlich ist und daß die Naturgesetzlichkeit einen unabdingbaren Charakter trägt. Alles das ist nie naturwissenschaftliche Erkenntnis gewesen. Es handelt sich dabei um metaphysische Reste aus dem alten naiven Weltbild, die sich unmerklich in das naturwissenschaftliche Weltbild hinübergerettet haben. Ich meine, man kann den psychologischen Hintergrund aufdecken!

Im naiven Weltbild konnte man Gott unterbringen; da wohnte er oben im Himmel über der Erde. Und man konnte sich auch sein Wirken vorstellen, daß er von dort her eingreift in Natur und Geschichte. Alles das war aber nicht mehr möglich, nachdem das naive Weltbild zerstört war. Nun aber ist der Mensch ein Wesen, das auf ein Gegenüber hin angelegt ist. Wir sprechen heute in der Psychologie viel von dem Ich-Du-Verhältnis, das für den Menschen entscheidend ist. Wenn dieses Ich-Du-Verhältnis gestört ist, kommt es leicht zu Neurosen oder seelischen Konflikten. Der Mensch ist, wie uns die Bibel sagt, seiner Bestimmung nach auf Gott hin angelegt. Gott hat sich ihm offenbart, Gott hat ihn als seinen Partner erwählt, zu seinem Stellvertreter gemacht und ihm einen Auftrag gegeben: Macht euch die Erde untertan! Wenn nun dieses Gegenüber, der persönliche Gott, aus dem Bewußtsein verdrängt wird, weil er auf Grund des naturwissenschaftlichen Weltbildes nicht mehr denkbar ist, so sucht sich das Unterbewußtsein im Menschen einen Ersatz für das Gegenüber.

Dieser Ersatz wurde die Welt, d. h. Eigenschaften, die dem lebendigen Gott zukommen, wurden nach und nach in die Welt hineinverlegt. Gott *ist* der Ewige, der da ist, der da war, der da sein wird. Weil aber Gott nicht mehr denkbar war, wurde die Welt zu etwas zeitlos Ewigem, das nie geschaffen war und nie ein Ende haben würde. Gott *ist* der Allgegenwärtige, der durch seinen Geist überall wirksam ist. Weil Gott aber nicht mehr denkbar war, wurde die Welt unendlich in bezug auf den Raum; überall, dachte man, sei Welt, etwas anderes gäbe es nicht, das Sichtbare mache das Ganze der Wirklichkeit aus. Gott *ist* der Unwandelbare, bei dem es weder Veränderung noch Wechsel gibt. Weil aber Gott nicht mehr denkbar war, wurde die *Materie* in ihren kleinsten Einheiten das Unveränderliche und Unzerstörbare. Gottes Wille *ist* es, der alles in dieser Welt regiert und lenkt. Weil aber Gott nicht mehr denkbar war, wurde die *Naturgesetzlichkeit* das allein Bestimmende. Man war der Meinung, sämtliche Vorgänge, auch die allerfeinsten Abläufe im menschlichen Organismus, das Denken und Empfinden seien rein physikalisch-chemisch, d. h. nur durch die Naturgesetzlichkeit geregelt. Der Mensch sei nichts anderes als Materie.

So wurden Eigenschaften, die dem lebendigen Gott mit Fug und Recht zukommen, nur aus dem Grunde, weil er im neuzeitlichen Weltbild der Naturwissenschaft nicht mehr denkbar war, ersatzweise in die Welt hinein verlegt. In diesem Sinne hat Feuerbach recht, wenn er sagt, daß Gott nur eine »Vaterprojektion« sei. Aber die Projektion war nur möglich, weil es den lebendigen Gott gibt, weil Menschen ihn erfahren hatten und weil die Sehnsucht zu ihm hin in jedem Menschen — wenn auch oft unbewußt — lebendig ist. Es ist kennzeichnend für den autonomen, d. h. von Gott gelösten Menschen von heute, daß die hier skizzierte Entwicklung im Buch von Robinson weiter vorangetrieben und zu einem Abschluß gebracht wird, indem er (Robinson) jede personale Beziehung des Menschen zu Gott hin einfach leugnet.

In den letzten Jahrzehnten haben Naturwissenschaftler die hoffentlich letzten metaphysischen Reste aus dem naturwissenschaftlichen Weltbild hinausgeworfen, und plötzlich sieht die Wirklichkeit ganz anders aus. Jetzt sprechen wir von einer räumlich wie zeitlich endlichen Welt, von einer Naturgesetzlichkeit, die im Grunde statistischen Charakter hat und nur Voraussagen mit bestimmter Wahrscheinlichkeit ermöglicht, Vorausberechnungen jedoch auf die Makrophysik beschränkt, und von einer Materie, die den Charakter eines ruhenden Seins verloren hat und als ein dynamisches Geschehen verstanden werden muß. Natürlich gilt alles, was im alten Weltbild richtig, d. h. von der Naturwissenschaft als gesicherte Erkenntnis hergeleitet war, unverändert auch noch heute. Hinausgeworfen wurde nur, was nicht gesicherte Erkenntnis war.

Soviel zu meiner ersten These: Das sogenannte naturwissenschaftliche Weltbild, das Weltbild, das um die Jahrhundertwende in seiner höchsten Blüte stand, ist nicht mehr das Weltbild der Naturwissenschaft. Es hat sich ein grundlegender Wandel vollzogen, indem das Weltbild von der unzulässigen Verabsolutierung des Raumes, der Zeit, der Materie und des

Naturgesetzes gereinigt worden ist. Jeder, der heute noch Schlußfolgerungen aus dem alten naturwissenschaftlichen Weltbild zieht und meint, er könne deshalb nicht an Gott, an den Himmel oder an Wunder glauben, beruft sich auf Vorstellungen, die die Naturwissenschaft längst widerlegt hat. Er sollte sich fragen, ob er weiter auf seiner ablehnenden Haltung bestehen will.

Natürlich kann die Naturwissenschaft keine Beweise für die Richtigkeit der Bibel liefern. Das steht ihr nicht zu, und das hat die Bibel nicht nötig. Die Bibel autorisiert sich durch sich selbst. Keine Wissenschaft kann etwas dazu beitragen, die Glaubwürdigkeit der Bibel zu erweisen. Was aber geschehen kann und geschehen darf, ist, daß scheinbar wissenschaftliche Argumente gegen die Aussagen der Bibel hinweggeräumt werden. Und das ist ein nicht unwichtiges Ereignis.

III.

Ich komme jetzt zu meiner zweiten These: Das sogenannte biblische Weltbild ist nicht das Weltbild der Bibel. Was verstehen die meisten Menschen unter dem biblischen Weltbild? Eben jene naive Stockwerksvorstellung, die die Erde als Mitte und über ihr das Himmelsgewölbe, unter ihr den Abgrund der Hölle sieht. Das scheint ganz im Sinne der Bibel zu sein, denn dort kommt diese Sicht oft zum Ausdruck. Es wird immer wieder von einem Oben und einem Unten gesprochen. Ich erinnere an das Glaubensbekenntnis, insbesondere an den zweiten Artikel; dort heißt es: Wir glauben an Jesus Christus, der *nieder*gefahren ist zur Hölle, am dritten Tage auferstanden von den Toten, *auf*gefahren gen Himmel, *sitzend* zur Rechten Gottes, *von dannen* er kommen wird, zu richten die Lebendigen und die Toten. Bei diesen Worten sieht man deutlich eine Abwärtsbewegung, eine Aufwärtsbewegung, ein Obensein und wieder eine Abwärtsbewegung vor sich. Damit scheint hinreichend begründet zu sein, daß die Bibel jenes naive Weltbild hat.

Wir müssen dieser Frage jedoch gründlicher nachgehen. Wer sich nur oberflächlich mit der Bibel beschäftigt, wird niemals erkennen, was sie eigentlich meint. Was die Allgemeinheit denkt und sagt, sollte für jeden, der es mit der Suche nach Gott und der Wahrheit seines Wortes ernst nimmt, nicht maßgeblich sein. Wir sind gefragt, ob wir selbst in der Schrift forschen, um festzustellen, was sie eigentlich aussagt. Hier bedarf es aber einer grundsätzlichen Klarstellung; da prüfe sich jeder selber. Wenn jemand der Ansicht ist, daß die Bibel ein Buch ist wie jedes andere Buch auch, d. h. nur von Menschen geschrieben und nur menschliche Weisheit enthaltend, dann darf er natürlich sagen, daß die naive Stockwerksvorstellung das Weltbild der Bibel sei. Denn die Menschen, die damals gelebt und die biblischen Bücher überliefert haben, hatten jenes Weltbild und haben von daher formuliert. Infolgedessen ist auch ihr Weltbild in ihre Erkenntnisse und Aussagen eingegangen. Wer aber der Ansicht ist, daß die Bibel *nicht* ein Buch ist wie jedes andere Buch auch; wer davon überzeugt ist, daß uns die Bibel Gottes Offenbarung bringt, daß durch die Bibel Gott selber zu uns redet, der darf nicht mehr bei der Auffassung bleiben, die naive Stockwerksvorstellung sei das Weltbild der Bibel. Das grenzt an Gotteslästerung. Denn wenn ich überzeugt bin, in der Bibel Gottes Offenbarung zu haben, glaube ich insbesondere an ihn als den Schöpfer der Welt. Und wenn ich ihm dann zumute, daß er als Schöpfer dieser Welt nicht wüßte, wie seine Welt aussieht, sondern mir in seiner Offenbarung jene naive Sicht bringt, gebe ich ihm nicht die Ehre, die er beanspruchen kann.

Wir haben, wie die Schrift es uns sagt, einen kostbaren Schatz in einem irdenen Gefäß. Es soll uns nicht um das irdene Gefäß gehen; das kann und darf zerschlagen werden. Es geht uns nur um den kostbaren Schatz. Gott hat es gefallen, seine Offenbarung zu einer Zeit zu geben, in der jenes naive Weltbild in Geltung war. Er weiß genau, was er tut, und er tut »alles fein zu seiner Zeit«. Ich glaube nicht, daß er heute, wenn er erst jetzt in das moderne Naturbild hinein seine Offenbarung gegeben hätte, mehr Glauben finden würde als damals. Er weiß, was er tut. Und er mutet uns etwas zu. Er mutet uns zu, tiefer in der Schrift zu forschen und ernsthaft danach zu fragen, wie die Sicht seiner Offenbarung über die Wirklichkeit um uns ist.

Ich will an einigen Beispielen aufzeigen, wie nach meiner Überzeugung diese eigentliche Sicht aussieht, die ich gern das Weltbild der Bibel nenne. Dies ist etwas ganz anderes als die naive Stockwerksvorstellung. Und gerade wir im christlichen Raum tun gut daran, das zu erkennen und einzusehen; denn wir haben sonst keine Möglichkeit, uns gegen die Angriffe von Ost und West auf das naive Weltbild zu wehren, die immer noch erfolgen, weil man meint, man könnte mit der endgültigen Zerstörung dieses Weltbildes uns den letzten Rest von Glauben nehmen. Wir müssen besonders als Christen wissen, wie die Schrift die Wirklichkeit sieht. Denn der entscheidende Fehler, der von vielen gebildeten Menschen begangen wird, der insbesondere auch von der Schule der Entmythologisierung und der existentialen Interpretation und ebenso in dem Buch von Bischof Robinson gemacht wird, liegt in der Vorstellung, daß es nur die eine sichtbare, gegenständliche Welt gäbe, die wir mit den Sinnen und dem Verstande erfassen können.

Wenn wir in die Schrift hineinhorchen, hören wir, daß sie noch von einer anderen Wirklichkeit weiß. Sie nennt diese andere Wirklichkeit *das Unsichtbare.* Ich denke etwa an ein Wort aus Kolosser 1. Dort heißt es: Jesus Christus ist das Ebenbild des unsichtbaren Gottes; durch ihn ist alles erschaffen worden, was im Himmel und auf Erden ist, das Sichtbare und das Unsichtbare. Oder an ein Wort aus 2. Korinther 4. Da sagt Paulus: Wir — damit meint er uns, die wir an Jesus Christus glauben — wir schauen nicht auf das Sichtbare, sondern auf das Unsichtbare; denn das Sichtbare ist zeitlich, das Unsichtbare aber ewig. Das ist zunächst einmal für jeden Glaubenden entscheidend, daß er mit diesen beiden Wirklichkeiten rechnet. Daß er weiß, es gibt neben der sichtbaren Welt auch die Wirklichkeit Gottes, in der Gott lebt und zu der niemand zukommen kann (1. Tim. 6, 16).

Es heißt ja: Gott wohnt in einem Lichte, da niemand zukommen kann, — auch kein Sputnik und kein Weltraumschiff; auch wenn wir noch so tief in den Weltraum vorstoßen werden, wir werden niemals dahin gelangen, wo Gott lebt. Es bestehen alle Aussagen vollständig zu Recht, die behaupten, man habe »da oben im Weltraum« den Himmel nicht gefunden, Gott nicht gesehen, keine Engel entdeckt. Unser Kommentar dazu kann nur lauten: Wer an der falschen Stelle sucht, soll sich nicht wundern, wenn er nichts findet. Wenn ich meinen Apfelbaum im Garten eingehend absuche und feststelle, ich finde keine Birnen, so ist das durchaus richtig. Wenn ich dann aber behaupte, es gäbe keine Birnen, dann werde ich wahrscheinlich ausgelacht werden. Genau so logisch ist aber jene Schlußfolgerung. Man sucht Gott und den Himmel und Engel an einer Stelle, wo sie nicht zu finden sind. Gott wohnt in einem Lichte, da niemand zukommen kann. Wer ihn im Weltraum nicht entdeckt, darf nicht behaupten, deswegen gäbe es ihn nicht. Ein solcher Schluß ist in seiner inneren Logik ebenso verkehrt wie das Beispiel von den Birnen am Apfelbaum.

Natürlich kann Gott gefunden werden, aber nur dort, wo er sich finden läßt: in seinem Wort. Der einzige Weg dorthin ist Jesus Christus; er ist der Weg zum Vater, niemand anders. Wer einen anderen Weg geht, um Gott zu suchen, darf sich nicht wundern, wenn er ihn nicht findet. Er lasse sich Hilfe geben von Menschen, die Gott in seinem Wort, in Jesus Christus, gefunden haben.

IV.

Diese andere Wirklichkeit, das Unsichtbare, kann nur im Glauben erfaßt werden. Wir wandeln im Glauben und nicht im Schauen. Doch nun ist ein Zweites für jeden von uns, der da glaubt, wichtig. Wir dürfen uns die Wirklichkeit Gottes nicht weit weg von uns vorstellen. Ich erinnere an ein Wort aus Apostelgeschichte 17; Paulus predigt in Athen vor dem Areopag und sagt: Gott ist *nicht ferne* von einem jeglichen unter uns; denn *in ihm* leben und weben und sind wir. In ihm — das bedeutet nicht Pantheismus, sondern meint: in seiner Wirklichkeit. Entsprechend sagt Jesus Christus: Wo zwei oder drei versammelt sind in meinem Namen, da bin ich *mitten unter ihnen*. Und sein Wort gilt, er ist jetzt auch hier in diesem Raum, mitten unter uns als der Unsichtbare. Und wir, die wir glauben, halten uns an ihn, den Unsichtbaren, als sähen wir ihn, wie es Mose tat (Hebr. 11, 27). Das ist also weiter entscheidend, daß wir die unsichtbare Wirklichkeit uns nicht fern von uns vorstellen.

Die eigentliche Sicht der Schrift ist, daß diese beiden Bereiche, das Sichtbare und das Unsichtbare, nicht *über*einander liegen wie Stockwerke, auch nicht *um*einander liegen wie Schale und Kern, als ein Diesseits und ein Jenseits, sondern ineinander liegen, sich gegenseitig durchdringen. Das Unsichtbare durchdringt das Sichtbare bis in den Mittelpunkt der Erde hinein. Wir leben als Menschen immer in beiden Wirklichkeiten zugleich, im Sichtbaren und im Unsichtbaren. Solange wir nicht an Jesus Christus glauben, meinen wir, es gäbe nur die eine, die sichtbare Welt, und wir bestreiten die andere, die unsichtbare Welt. Wer zum Glauben gekommen ist, weiß, daß es das Unsichtbare gibt, und weiß, daß es nicht weit weg ist, daß er jetzt schon dort leben darf. Denn wer glaubt, ist in dieser, der sichtbaren Welt ein Pilgrim und Fremdling geworden. Er hat seine eigentliche Heimat schon im Unsichtbaren; dort ist er Bürger und Gottes Hausgenosse durch den Glauben an Jesus Christus. Er sehnt sich einfach danach, dorthin zu kommen. Paulus sagt: Ich hätte Lust abzuscheiden und bei Christus zu sein (Phil. 1, 23). Jesus sagt im hohenpriesterlichen Gebet, Johannes 17: »Sie — und damit meint er seine Jünger und alle, die an ihn glauben — sind nicht mehr von der Welt, wie ich nicht von der Welt bin (d. h. nicht mehr vom Sichtbaren, sondern vom Unsichtbaren her geprägt), aber ich bitte dich nicht, daß du sie aus der Welt nimmst, sondern daß du sie vor dem Bösen bewahrst. Wie du mich gesandt hast in die Welt, so sende ich sie in die Welt.« Als Jünger Jesu sollen wir seine Zeugen sein im Sichtbaren, aber unsere Heimat ist das Unsichtbare. Dort haben wir das beste Fundament, von dem her wir Zeugen sein können, das unerschütterlich ist, auch wenn die Welt noch so sehr dagegen anrennt. Wir wissen, wohin wir gehören. Zugleich aber wissen wir, daß wir uns nicht in uns selber zurückziehen dürfen. Wir haben *in* der Welt unseren Auftrag *an* die Welt als seine Zeugen.

Das geheimnisvolle »Ineinander« will ich noch durch einige andere Beispiele deutlich machen, die jeder selbst in der Schrift nachprüfen möge. Ich nenne als erstes die Geschichte aus 2. Könige 6: Der Prophet Elisa hat sich mit seinem Diener auf der Flucht vor den Syrern in die Stadt Dothan zurückgezogen. Sie wird eingeschlossen, belagert, die Lage ist menschlich gesehen hoffnungslos. Der Diener fängt an zu zagen. Da tröstet ihn Elisa, indem er sagt: »Fürchte dich nicht, denn derer, die bei uns sind, sind viel mehr als derer, die bei denen sind.« Der ängstliche Diener sieht nichts und glaubt ihm nicht, genau so wie wir oft nicht glauben können, weil wir nichts sehen. Da tut Elisa, der Mann Gottes, noch ein übriges und betet für seinen Diener: »Herr, öffne ihm die Augen, daß er sieht!« Und dann heißt es: »Da *sah* der Diener den Berg um Elisa voll feuriger Rosse und Wagen.« Wie und was sah da der Diener? Die Stadt Dothan, auf einem Berge gelegen, wurde plötzlich transparent; Gott hat dem Diener auf das Beten des Elisa hin die Augen geöffnet. Nun sieht er sozusagen durch einen Schleier hindurch, durch den Vorhang des Sichtbaren, in das Unsichtbare hinein. Er sieht die himmlischen Heerscharen, die dort bereitstehen und dafür sorgen, daß das Heer der Syrer verwirrt wird.

Als zweites nenne ich die Weihnachtsgeschichte (Lukas 2). Die Hirten auf dem Felde bekommen als erste die Ankündigung der Geburt Jesu durch die Engel. Ich glaube an die Existenz von Engeln. Aber meiner Meinung nach brauchen sie keine Flügel. Das gehört zum alten Weltbild. Wir sind durch die Darstellungen der kirchlichen Kunst, deren Schöpfer im naiven Weltbild lebten (und deren Werke ich sehr schätze), dahin verbildet, daß wir meinen, Engel müßten Flügel haben und kämen von oben herabgeschwebt. Gewiß, bei den Cherubim oder Seraphim mag es zutreffen (Jes. 6), aber von denen spreche ich jetzt nicht. Ich rede von den eigentlichen Engeln, den angelloi, den Boten Gottes an die Menschen. Sie brauchen keine Flügel. In Lukas 2 heißt es: Da *trat* der Engel des Herrn zu ihnen (den Hirten), die Klarheit des Herrn umleuchtete ihn und alsbald *war* um ihn die Menge der himmlischen Heerscharen. Was geschah da, von der Sicht der Bibel her gedeutet,

d. h. von dem Ineinander von Sichtbar und Unsichtbar? Wie ein Schleier, wie ein Vorhang liegt das Sichtbare vor dem Unsichtbaren und teilt sich, öffnet sich (die Hirten bekommen »geöffnete« Augen). Aus dem »Spalt« tritt der Engel des Herrn heraus; das Licht, das im Unsichtbaren herrscht, überstrahlt ihn. Immer weiter geht der »Vorhang« auf, immer mehr Engel treten herzu. Unmittelbar aus dem Unsichtbaren heraus kommen sie in das Sichtbare hinüber, werden in Menschengestalt sichtbar, aber strahlen den Glanz des Himmlischen aus. Auch hier wird deutlich: Das Unsichtbare, der Himmel, ist nicht weit weg, es umgibt uns überall.

Man lese als weiteres Beispiel in Apostelgeschichte 7 die Steinigung des Stephanus. Dort heißt es: »Stephanus, vom Heiligen Geist erfüllt, sieht den Himmel offen und Jesus zur Rechten Gottes stehen.« Um 1800 lebte der Astronom Laplace. Er hatte einmal stolz verkündet: Ich habe mit meinem Fernglas das ganze Weltall durchforscht und nirgends den Himmel gefunden, nirgends Gott gesehen. Aber Stephanus sieht ohne Fernrohr, mit bloßem Auge, den Himmel offen und Jesus zur Rechten Gottes. Auch hier handelt es sich um ein historisches Ereignis, ein echtes Erlebnis des Stephanus. Der Herr schenkt es dem ersten Märtyrer, der seinen Glauben an Jesus mit dem Tode bezahlen muß, daß er im Sterben schauen darf, was er geglaubt hat. Wieder öffnet sich der Schleier, der für die natürlichen Augen der Menschen vor dem Unsichtbaren liegt, und Stephanus blickt hinein in das Unsichtbare, sieht »den Himmel offen«.

Ich bin überzeugt, daß das Ineinander von Sichtbar und Unsichtbar das eigentliche Weltbild der Bibel ist. Aber das entdeckt man erst, wenn man mit den Augen des Glaubens in die Berichte hineinschaut. Lesen wir in diesem Sinne auch den Bericht von der Himmelfahrt Jesu! Was ist dabei geschehen? Nichts anderes als eine Entrückung in das Unsichtbare. Wie Henoch und Elia entrückt worden sind, wie die Brautgemeinde einmal entrückt werden wird in das Unsichtbare, so ist auch Jesus nach dort hinübergegangen, entrückt. Denn so sagt es der griechische Urtext: poreuomenon eis ton ouranon — hineingegangen in den Himmel (Apg. 1, 11). Für die

Jünger aber, die im naiven Weltbild lebten, war es notwendig, daß sich Jesus erst emporheben ließ, damit sie begriffen: Nun geht er endgültig heim zum Vater; jetzt wird er nicht wie in den 40 Tagen seit Ostern plötzlich aus dem Unsichtbaren auftauchen, sondern erst wiederkommen bei der endgültigen Wiederkehr in Macht und Herrlichkeit. Sie haben ihm aber nicht nachschauen können wie man einem Flugzeug nachsieht; denn eine Wolke nahm ihn vor ihren Augen hinweg. Diese Wolke war keine natürliche Wolke, sondern von der Art, wie sie bei der Verklärung Jesu erschien (Mark. 9, 7), aus der die Stimme des Vaters erscholl: Dies ist mein lieber Sohn, den sollt ihr hören. Eine solche Wolke erschien auch bei der Himmelfahrt; in ihr holte der Vater den Sohn heim ins Unsichtbare. In Daniel 7 kann man von der Fortsetzung dieses Geschehens lesen. Dort heißt es: »Ich sah in den Nachtgesichten und ich sah, wie einer, einem Menschensohne gleich, auf den Wolken des Himmels kam und vor den Alten auf dem Throne geführt und ihm das Reich übergeben wurde, das kein Ende hat.«

Hier hat Daniel die Fortsetzung der Himmelfahrt Jesu prophetisch vorausgesehen. Was die Jünger als letztes sahen, war die Wolke, die Jesus vor ihren Augen verbarg. Daniel sieht weiter, wie im Unsichtbaren die Wolke den Sohn zum Vater trägt und er eingesetzt wird als der Erhöhte, dem das Reich übergeben wird, das ewig sein wird. Auch hier, meine ich, wird erst von dem Ineinander des Sichtbaren und Unsichtbaren her die Aussage der Schrift voll verständlich, wie es vom naiven Weltbild her nicht erreichbar ist.

V.

Ich habe versucht, deutlich zu machen, daß die Naturwissenschaft heute eine völlig andere Sicht von der Welt hat, als man gemeinhin annimmt. Es wäre eine lohnende Aufgabe — ich habe es in vielen Schriften ausgeführt — aufzuzeigen, daß im Grunde keine biblische Aussage mehr von der Naturwissenschaft bestritten werden kann. Das bedeutet natürlich nicht, daß die Bibel naturwissenschaftlich beweisbar wäre. Das Geheimnis der Offenbarung Gottes bleibt unangetastet, sowohl in ihrer Ganzheit wie auch in ihren einzelnen Akten. Gott will nicht bewiesen, sondern geglaubt sein; die Bibel will nicht rational verstanden, sondern gelebt sein. Dem steht jetzt wissenschaftlich nichts mehr entgegen. Es ist wieder in die Entscheidung des Menschen gelegt, ob er bereit ist, den Aussagen der Schrift zu vertrauen, weil sie Offenbarung Gottes sind und ihn deshalb unbedingt angehen.

Ich habe weiter versucht, deutlich zu machen, daß die naive Sicht der Stockwerksvorstellung nur vordergründig als Weltbild der Bibel erscheint. Die Ausdrucksformen sind zwar von daher genommen; sie ist das Gefäß, in dem die Offenbarung Gottes zu uns kommt. Aber die eigentliche Sicht der Wirklichkeit um uns, die die Bibel uns geben will, sieht anders aus. Sie setzt als entscheidend das Vorhandensein des Unsichtbaren voraus, in dem Gott lebt, das unseren natürlichen Augen verschlossen ist, von dem wir nur durch Offenbarung Kunde haben. Nur wenigen Menschen hat Gott es geschenkt, auch einen Blick in das Unsichtbare zu tun. Sie können daher glaubwürdig davon zeugen und haben es getan. Vor allem aber ist es Jesus selbst, der uns davon sagen kann. Denn er kommt vom Vater, er weiß alles über Ihn (Joh. 1, 18). Dieses Unsichtbare liegt nicht weit weg von uns, sondern umgibt uns überall in einem merkwürdigen geheimnisvollen Ineinander mit dem Sichtbaren.

Wer nun die Frage aufgreifen will, ob das Weltbild der Bibel noch in die heutige Zeit paßt, darf nicht mehr als Weltbild der Bibel das vordergründige Stockwerksbild nehmen und mit dem naturwissenschaftlichen Weltbild der Jahrhundertwende vergleichen. Er muß sich hingegen an das eigentliche Weltbild der Bibel, an das Ineinander von Sichtbarem und Unsichtbarem, halten, und er wird erkennen, wie das wissenschaftliche Naturbild von heute (das ja nur das Sichtbare beschreibt) ohne Widerspruch, ohne sacrificium intellectus in das Weltbild der Bibel hineinpaßt. Man beachte die soeben gebrauchte Wendung: Nicht das Weltbild der Bibel paßt in die heutige Zeit, sondern das heutige Naturbild und damit auch die heutige Zeit in das Weltbild der Bibel — wenn beide richtig verstanden werden! Ich habe das an anderer Stelle weiter ausgeführt.[11]

Hier möchte ich es nur an einem einzigen Punkte erhellen. Was heißt »oben«, und was heißt »unten«? Wenn in der Bibel die Begriffe oben und unten vorkommen, stoßen wir uns leicht daran, weil wir sie unwillkürlich mit dem naiven Weltbild verbinden. »Oben« und »unten« können wir nur physikalisch definieren: Die Richtung nach oben ist die *gegen* die Erdanziehung gerichtete, die nach unten die mit der Erdanziehung *gleich*gerichtete. Diese Definition gilt sowohl für uns wie für unsere Antipoden, die Menschen auf der uns entgegengesetzten Seite der Erde. Nun stelle man sich die Erde in ihrer Bewegung vor: Sie dreht sich um sich selbst und kreist dabei mit großer Geschwindigkeit um die Sonne. Die Sonne mit all ihren Planeten einschließlich der Erde befindet sich am Rande des großen Milchstraßensystems, das um sein Zentrum rotiert und zugleich mit großer Geschwindigkeit durch das Weltall rast. Die Erde und wir auf ihr sind in einer ständigen, höchst komplizierten, kreisenden Bewegung im Weltall. In der alten naiven Weltvorstellung waren »oben« und »unten« absolute Begriffe, die sich an einer im Zentrum des Weltalls ruhend gedachten Erde orientierten. Wir müssen aber auch diese Absoluta aufgeben und uns an die eigentliche Definition von »oben« und »unten« halten, wie die Naturwissenschaft sie uns liefert. Dann bleibt alles richtig. Denn immer ist in der Richtung von der Erde weg, gleichgültig, wie sie sich dreht, *oben*, und von allen Seiten umgibt uns das Unsichtbare. Vom Unsichtbaren her liegt das Sichtbare offen vor Gottes Augen, von dort her dringt sein Wirken in das Sichtbare ein, nach *unten*. In diesem neuen Sinne von »oben« und »unten« und vom »Himmel« dürfen wir unbeschwert davon sprechen, daß der Himmel oben über uns ist, daß Gott auf uns Menschen herunterschaut und unsere Geschicke lenkt. Wer das mit mir vollziehen kann, dem wird deutlich, daß ich als moderner Naturwissenschaftler das Glaubensbekenntnis mit ehrlichem Her-

---

[11] Vgl. S. 55ff., ferner H. Rohrbach, Unsichtbare Mächte und die Macht Jesu, R. Brockhaus Verlag, Wuppertal 1985.

zen und wissenschaftlicher Überzeugung beten kann, obgleich ich weiß, daß unsere Väter, die es einst formulierten, es sich naiver vorgestellt haben. Wenn ich sage: »Aufgefahren gen Himmel« oder »von dannen er kommen wird«, so denke ich nicht an einen Himmel, der als Feste irgendwo über den Sternen ausgespannt ist, sondern an das Unsichtbare, das mich überall umgibt.

Das sogenannte naturwissenschaftliche Weltbild ist nicht das Weltbild der Naturwissenschaft, das sogenannte biblische Weltbild ist nicht das Weltbild der Bibel! In dieser Interpretation vermag ich die eingangs gestellte Frage voll zu bejahen. Es kostet ein Stück Arbeit in der Bibel, sich darüber klar zu werden, aber es lohnt sich, damit wir nicht durch moderne Belehrungen und Bücher verwirrt werden.

Frage: Sie gingen von der Unverträglichkeit des naturwissenschaftlichen und des naiven Weltbildes aus. Sind aber das neue Naturbild und Ihre Sicht des »Ineinander« von Sichtbarem und Unsichtbarem besser miteinander zu vereinbaren?

Antwort: Auf den ersten Blick wohl kaum. Und doch ist Entscheidendes anders geworden. Beide Modelle — nur um solche handelt es sich — geben die Wirklichkeit richtiger wieder als die alten Modelle. Das Naturbild beschränkt sich auf die gegenständliche Welt des Sichtbaren, das unsere Sinne erfassen können, und läßt offen, ob es noch eine andere Wirklichkeit gibt. Das Ineinander von Sichtbarem und Unsichtbarem lenkt unseren Blick auf das Ganze der Wirklichkeit, mit dem wir es als Menschen zu tun haben: das Sichtbare als Ort des Lebens und der Bewährung, das Unsichtbare als die Wirklichkeit, von der her wir leben und auf die wir bezogen sind.

Frage: Was ist aber damit eigentlich gewonnen?

Antwort: Ich meine, man darf dreierlei hervorheben. Zunächst können wir damit der Ansicht entgegentreten, daß es nur eine einzige Wirklichkeit gäbe, die sichtbare gegenständliche Welt. Das ist eine unbewiesene Behauptung, die letzten Endes noch Ausdruck des überholten naturwissenschaftlichen Weltbildes des 19. Jahrhunderts ist. Denn dieses ließ keine andere Wirklichkeit zu. Zweitens erkennt man, wo eine Entmythologisierung anzusetzen hat: bei dem naturwissenschaftlichen Weltbild und dem von daher geprägten Denken. Der Prozeß der Reinigung des alten Weltbilds von metaphysischen Resten, der für den Entwurf des neuen Naturbildes notwendig war, ist einer Entmythologisierung vergleichbar. Denn dadurch erwiesen sich etwa die Vorstellungen, daß ein Wunder eine

Durchbrechung der Naturgesetzlichkeit bedeute, daß das Weltbild der Bibel überholt sei oder daß die endzeitliche Prophetie naturwissenschaftlich absurde Dinge behaupte, als gegenstandslose Mythen. Drittens erhalten vom Ineinander der beiden Wirklichkeiten her die biblischen Aussagen über Himmel und Hölle, Oben und Unten, Engel und Dämonen, Gebet und Erhörung u. a. neue Interpretationsmöglichkeiten, die eine Entmythologisierung der Bibel überflüssig machen[12].

Frage: Ist nicht das Ineinander von Sichtbarem und Unsichtbarem sehr unanschaulich? Wie soll man es überhaupt verstehen?

Antwort: Gewiß können wir uns das Ineinander nicht vorstellen. Aber gerade darin kommt – ich knüpfe wieder an die erste Frage an – die Verwandtschaft zwischen dem neuen Naturbild und dem von mir aufgezeigten »neuen« Weltbild der Bibel zum Ausdruck. Auch das Naturbild kennt ein Ineinander; es umfaßt den Wellenaspekt und den Teilchenaspekt der sichtbaren Wirklichkeit. Beide zusammen ergeben erst das Ganze der (sichtbaren) Wirklichkeit. Beide sind wirklich, beide lassen sich unterscheiden, aber nicht scheiden. Genauso liegt es mit dem Ineinander von Sichtbarem und Unsichtbarem. Beide zusammen ergeben erst das Ganze (der Wirklichkeit überhaupt), beide sind Wirklichkeiten, beide lassen sich unterscheiden, aber nicht scheiden. Für den, der an das komplementäre Denken der Physik gewöhnt ist, macht dies unanschauliche Ineinander keine Schwierigkeiten[13].

Frage: Ist Ihnen bekannt, daß Ihr Fachkollege, der Mathematiker Herbert Meschkowski, in seinem Buch »Das Christentum im Jahrhundert der Naturwissenschaften« Ihrer Anwendung des Komplementaritätsprinzips nicht zustimmen kann? Er meint z. B., daß die Frage, ob die Auferstehung Jesu ein historisches Ereignis sei ebenso wie die Zerstörung Jerusalems durch Titus, doch nur mit Ja oder Nein beantwortet werden, die Antwort aber nicht davon abhängen könne, *wie* gefragt werde[14].

Antwort: Gewiß, Buch und Einwurf sind mir bekannt. Aber das von Meschkowski gewählte Beispiel trifft nicht die Sache. Die Auferstehung Jesu ist ein Vorgang im Unsichtbaren, die Zerstörung Jerusalems ein solcher im Sichtbaren. Meschkowski setzt also Vorgänge aus verschiedenen Bereichen in Relation zueinander, was nicht angängig ist. Richtig gestellt müßte die Frage eine doppelte sein,

[12] Vgl. etwa *H. Rohrbach*, Dreierlei Glaubensbekenntnis, enthalten in: *K. Koch*, Der Weg zu Jesus, Evangelisationsverlag Berghausen 1965.

[13] Man vergleiche dazu auch die beiden Vorträge »Wandlung im Denken der Naturwissenschaft« und »Wirklichkeit im Sinne heutiger Naturwissenschaft« im vorliegenden Band sowie den in der vorangehenden Fußnote genannten Aufsatz.

[14] H. Meschkowski, Das Christentum im Jahrhundert der Naturwissenschaften, München/Basel 1961, S. 109.

nämlich: Ist das leere Grab ebenso ein historisches Ereignis wie die Zerstörung Jerusalems? Und: Ist die Auferstehung Jesu ebenso historisch wie das Gericht Gottes an Jerusalem? Im ersten Fall betrachtet man beide Ereignisse als Vorgänge im Sichtbaren. Diese sind der historischen Forschung zugänglich und können quellenmäßig auf ihre Faktizität hin untersucht werden. Im zweiten Fall betrachtet man beide vom Unsichtbaren her und hat dementsprechend den Begriff »historisch« dahin zu erweitern, daß das Handeln Gottes als geschichtswirkende Kraft einbezogen wird. Im ersten Fall bedarf es für eine Antwort nur des menschlichen Verstandes, im zweiten Fall ist außerdem der Glaube an *den* Gott erforderlich, der durch sein Tun Geschichte wirkt. Insofern hängt die Antwort tatsächlich davon ab, wie gefragt wird.

Frage: Muß man nicht − der Folgen für den Glauben wegen − bedauern, daß das naive Weltbild in das Neue Testament einging und dadurch die eigentliche Sicht der Bibel verdeckt wurde?

Antwort: Sicherlich, aber es ist interessant, sich den historischen Vorgang zu vergegenwärtigen und von daher eine Antwort zu versuchen. Die geistige Auseinandersetzung zwischen Naturwissenschaft und Offenbarungsglauben in der Neuzeit richtete sich im Grunde nicht gegen die Bibel, sondern − ohne sich dessen bewußt zu sein − gegen eine naturwissenschaftliche Fehlentscheidung, die im zweiten vorchristlichen Jahrhundert erfolgt war. Um 250 v. Chr. hatte bereits Aristarch von Samos, und nicht nur er allein, im wesentlichen das heliozentrische Weltbild und mit ihm die Unermeßlichkeit des Weltalls erkannt und gelehrt. Er wurde aber wegen dieser Lehre angegriffen und sogar der Gottlosigkeit beschuldigt. Denn gegen ihn stand die von Aristoteles vertretene Sicht mit dem System von Sphären, die um die Erde als Zentrum kreisen. Und die Astronomen der Gelehrtenakademie von Alexandria entschieden sich um 150 v. Chr. gegen Aristarch für die Lehre des Aristoteles, dessen Autorität offensichtlich schon zu jener Zeit maßgeblich war. Wäre damals die Entscheidung richtig, d. h. zugunsten von Aristarch, gefallen, so wäre vermutlich der Christenheit eine leidvolle und langwährende Glaubenskrise erspart geblieben, die über anderthalb Jahrtausende später einsetzte und im Grunde bis heute nicht überwunden ist. Soweit der historische Rückblick. Er zeigt zunächst, daß und warum zur Zeit Jesu von Nazareth das geozentrische Weltbild und mit ihm die Stockwerksvorstellung galten. Man könnte nun − im Sinne des von Ihnen geäußerten Bedauerns − fragen: Warum hat Gott die Fehlentscheidung zugelassen, warum hat er seine Offenbarung in Jesus von Nazareth erst dann gegeben, als sich das naive Weltbild fest eingebürgert hatte? Solche Warum-Fragen sind natürlich stets müßig, weil Gott seine Entscheidungen nicht zu begründen braucht. Wenn ich von mir aus eine Antwort geben darf, so würde ich sagen: Gott tut alles fein zu seiner Zeit. Mit der Wahl des Zeitpunkts seiner Offenbarung in Jesus Christus hat er − wie für den Sohn, so auch für die Bibel −

nicht nur die Knechtsgestalt, sondern auch den Weg des Leidens festgelegt: Ärgernis, Torheit, Spott, Hohn, Verachtung, Mißverständnis, Gleichgültigkeit, Verfolgung, Lästerung bis hin zur Kreuzigung. Denn im Grunde ist das, was in der Gegenwart mit der Bibel geschieht, nichts anderes als die Kreuzigung des schriftgewordenen Wortes Gottes, in Analogie zur Kreuzigung des fleischgewordenen Wortes auf Golgatha.

Frage: Ist nicht aber schon im Alten Testament das naive Weltbild zu erkennen?

Antwort: Darüber ließe sich streiten. Ich weiß, daß man es bereits im Schöpfungsbericht zu sehen meint, etwa bei der »Feste zwischen den Wassern«, die von Gott als Himmel bezeichnet wird (1. Mose 1, 6—8). Meines Wissens aber bedeutet das hebräische Wort »*rakiah*« nicht so sehr »Feste«, sondern »Ausdehnung« oder »Raum« und bezeichnet offensichtlich die unsere Erde umgebende Lufthülle. Die Gelehrten von Alexandria aber, die das Alte Testament ins Griechische übersetzten — es sollen siebzig gewesen sein; daher trägt die Übersetzung den Namen Septuaginta — gaben das Wort *rakiah* durch *stereoma* wieder, und dieses wiederum wurde bei der Übertragung ins Lateinische mit *firmamentum* bezeichnet. Ich bin überzeugt, daß hier zwar das naive Weltbild in die Übersetzung einging, der Urtext aber etwas anderes meint. Denn die Gelehrten in Alexandria — die Septuaginta entstand im dritten Jahrhundert vor der Zeitrechnung — verfochten das geozentrische Weltbild des Aristoteles. Etwas ähnliches können wir im Neuen Testament beobachten, bei der Himmelfahrt Jesu Christi. Auch hier ist das Weltbild eines Übersetzers (Martin Luther) bei dem Wortlaut »aufgefahren gen Himmel« in die Übersetzung eingegangen. Wörtlich steht da (Apg. 1, 11) »in den Himmel aufgenommen, in den Himmel gegangen«, d. h. in das Unsichtbare. Die Himmelfahrt Jesu muß — wie bei Henoch und Elia — als eine Entrückung in das Unsichtbare verstanden werden. Hier kommt wieder das eigentliche Weltbild der Bibel, das Ineinander von Sichtbarem und Unsichtbarem zur Geltung[15].

[15] Vgl. H. Rohrbach, Aufgefahren gen Himmel, Verlag Goldene Worte, Stuttgart 1965.

Das Thema meines Vortrages gebietet, daß ich mich auf einen kleinen Ausschnitt der Wirklichkeit zu beschränken habe. Als Menschen stehen wir ja in mannigfacher Hinsicht einer Wirklichkeit gegenüber. Da ist einmal die Wirklichkeit der gegenständlichen Welt, der harte Raum der Dinge und Tatsachen, mit denen wir uns auseinanderzusetzen haben. Zum anderen ist da, und nicht weniger wichtig, die Wirklichkeit der Geschichte, der geschichtlichen Mächte, die unser ganzes Leben beeinflussen und lenken, oft so stark, daß wir meinen, einem Sog von Mächten ausgesetzt zu sein, ohne zu wissen, wohin dieser Sog uns führt. Zum dritten ist der Mensch für sich allein genommen auch eine Wirklichkeit, die jedem von uns immer wieder zu schaffen macht. Ich erinnere hier nur an die in den letzten Jahrzehnten gewonnenen Erkenntnisse aus dem Raum des Unbewußten, an die Ergebnisse der Tiefenpsychologie, die ganz neue Gebiete menschlicher Wirklichkeit erschlossen hat. Wenn wir dann den zweiten Begriff in der Thematik dieser Vortragsreihe, den Glauben, ins Auge fassen, so wird schließlich die entscheidende Wirklichkeit vor uns gestellt, die Wirklichkeit Gottes. Auf diese Wirklichkeiten *um* uns, *in* uns und *über* uns sollen die folgenden Vorträge näher eingehen.[16]

Ich habe es in meinem Vortrag mit der Wirklichkeit *um* uns zu tun, aber — da diese ja in Natur und Geschichte zerfällt — nur mit einem Teil von ihr, der nüchternen Welt der Gegenstände. Ich selbst bin Mathematiker, gehöre also zu den exakten Naturwissenschaftlern und muß aus meiner Betrachtung auch ausklammern, was von der Biologie her in den

---

[16] Der vorliegende Vortrag war der erste einer von der Gesellschaft der Freunde christlicher Akademie-Arbeit 1960/61 in Essen veranstalteten Vortragsreihe: Wirklichkeit und Glaube. Weitere Vorträge hielten Prof. Dr. W. Pannenberg, Prof. D. Dr. W. G. Kümmel und Präses Prof. D. Dr. J. Beckmann. Sie erschienen in den Mitteilungen der Gesellschaft: Der Mensch in der Wirtschaft, Jahrgang 11 (1961).

Raum der Wirklichkeit um uns gehört. Ich muß mich auf die *unbelebte Wirklichkeit um uns* beschränken.

Wenn ich nun zu meinem so begrenzten Thema zu Ihnen sprechen darf, so will ich zunächst von *der* Sicht reden, die *Sie* wahrscheinlich mehr oder weniger noch von der gegenständlichen Welt um uns haben, von dem »Weltbild«, zu dem die klassische Physik gekommen ist und das noch zu Beginn dieses Jahrhunderts als wissenschaftlich fest gegründet gegolten hat. Sodann will ich darlegen, wie die heutige Erkenntnis der Wirklichkeit um uns aussieht und wie das Denken der heutigen Physik von dem alten, aber noch immer vorherrschenden Verständnis abweicht. Und abschließend will ich kurz auch auf die Bedeutung eingehen, die das neue Wirklichkeitsverständnis für Fragen des Glaubens hat.

Das sogenannte naturwissenschaftliche Weltbild der Neuzeit — ich terminiere die Neuzeit hier von rund 1600 bis 1926, da sie für uns Naturwissenschaftler mit diesem Zeitpunkt endet — ist sehr stark durch Absoluta gekennzeichnet. Man verstand Raum und Zeit als Kategorien a priori und sprach von einem leeren Raum, einem Raum, der an sich da sei, auch wenn man sich sämtliche Milchstraßensysteme, die dieses Weltall erfüllen, herausgenommen denkt. Ebenso sprach man von einer absoluten Zeit, die von minus unendlich bis plus unendlich ablaufe, auch wenn nichts passiert, die unabhängig von Ereignissen und unabhängig von Materie an sich existiere. Weiter wurde der Begriff der Materie verabsolutiert. Man verstand sie zwar schon als aus kleineren Einheiten, den Atomen, aufgebaut; aber diese Atome stellte man sich noch als substantielle Kügelchen vor, die durch ihre Anordnung und Bewegung die verschiedenen molekularen Strukturen der Materie ergeben, die an sich aber unverändert, unzerstörbar, aus sich selbst heraus bestehend seit Ewigkeit existieren. Aus diesem verabsolutierten Verständnis von der kleinsten Einheit der Materie erwuchs ja auch die Vorstellung von dem ewigen Bestand der Welt in Vergangenheit und Zukunft.

Und schließlich die vierte Kategorie, mit der wir das Weltbild erfassen: das Naturgesetz. Die Vorstellung von der Naturgesetzlichkeit war die von einem unabdingbaren Mechanismus. Durchbrechungen waren undenkbar, Ausnahmen nicht möglich, die Gesetze unabänderlich gültig, alles beherrschend und regelnd, was in Raum und Zeit an der Materie geschieht. Man träumte davon, daß früher oder später die Naturwissenschaft eine Weltformel entdecken würde, die über jedes Ereignis in Vergangenheit und Zukunft Auskunft geben könnte, wenn nur für den gegenwärtigen Zeitpunkt alle Gegebenheiten bekannt sind. So etwa, wie wir Sonnen- und Mondfinsternisse zurück- und vorausberechnen, d. h. den Zeitpunkt ermitteln können, wann sie stattgefunden haben bzw. stattfinden werden, so etwa glaubte man jedes Geschehen in der Natur und im Menschenleben aus einer Weltformel berechenbar machen zu können. Natürlich gab es entschiedenen Widerspruch gegen diese Denkweise, insbesondere von seiten der Philosophie. Das Ringen um die Problematik »Kausalgesetz und Willensfreiheit« zeigt das deutlich genug. Aber gerade dieser Widerspruch beweist, wie stark sich im allgemeinen Bewußtsein die Vorstellung von der Determiniertheit des Naturgeschehens durchgesetzt hatte. Raum, Zeit, Materie und Naturgesetz bildeten als vier Absoluta das Gerüst für das sogenannte naturwissenschaftliche Weltbild. Ich stelle anheim, daß jeder einzelne von Ihnen sich daraufhin überprüfe, inwieweit er heute noch in diesem verabsolutierten Weltbild zu Hause ist, d. h. noch immer von diesem Weltbild her denkt und es für maßgeblich hält.

Ich werde jetzt in vier Punkten aufzeigen, wie anders das Verständnis der Wirklichkeit um uns für den exakten Naturwissenschaftler von heute ist. Dabei werde ich zunächst zwei negative und dann zwei positive Aussagen machen.

I. Die Wirklichkeit um uns hat ihren Absolutheitscharakter verloren

Wie zeigt sich das bei den vier behandelten Grundbegriffen von Raum, Zeit, Materie und Naturgesetz?

Der Raum gilt heute nicht mehr als eine Kategorie an sich. Es hat keinen Sinn, von einem leeren Raum zu sprechen, sich die Vorstellung von einem unabhängig von der Materie existierenden Weltall zu machen, in das die Himmelskörper und Milchstraßensysteme eingezogen sind wie Familien in eine Mietskaserne. Der Raum existiert vielmehr nur durch die Materie, d. h. nur weil und soweit Materie da ist. Ohne Materie gäbe es auch keinen Raum; die Materie spannt den Raum auf. Entsprechend ist es mit der Zeit. Auch sie ist von der Materie abhängig. Zeit gibt es nur, weil und soweit Materie da ist. Wir hätten keine Möglichkeit, Zeit zu empfinden, zu beobachten und zu messen, wenn es nicht periodische Abläufe von Materie oder radioaktiven Zerfall oder Ermüdung und Hunger gäbe, die uns Zeit erfahren lassen. So sind im heutigen Verständnis der Natur Raum, Zeit und Materie nicht unabhängig voneinander, sondern bilden ein gegliedertes Ganzes, ein zusammengehöriges Kontinuum. Nur weil Materie da ist, gibt es Raum, gibt es Zeit. Man darf diese Dreiheit nicht zerlegen, ihre einzelnen Bestandteile nicht verabsolutieren und unabhängig voneinander verstehen. Ähnliches begegnet uns bei dem neuen Verständnis vom Menschen, den man inzwischen auch als eine Ganzheit — aus Leib, Seele und Geist — erkannt hat. Man weiß heute, daß man diese drei Bezirke nicht auseinanderziehen, unabhängig voneinander betrachten kann. Die psychosomatische Medizin z. B. lehrt, daß seelische Krankheiten durchaus organische Ursachen haben können und umgekehrt körperliche Beschwerden häufig psychisch bedingt sind. In Analogie dazu darf man sich die Wirklichkeit von Raum, Zeit und Materie denken. Diese Ganzheit darf nicht auseinandergenommen werden. Man kann zwar das eine oder andere stärker akzentuieren, aber diese Drei bilden eine Struktur, die nur als ein Ganzes vorhanden ist. Raum und Zeit gibt es nur, weil und soweit Materie ist, so wie bei einem (lebenden) Menschen Seele und Geist nur vorhanden sind, weil und soweit sein Leib ist.

Da es nun Materie nur in einem endlichen Ausmaße gibt — die Anzahl der Elementarteilchen, aus denen sich die gesamte Materie unserer Welt zusammensetzt und auf die ich gleich noch zu sprechen komme, beträgt etwa 10^{80}; gewiß eine sehr große, aber doch eine endliche Zahl —, hat man auch das Weltall als ein endliches anzusehen. Wir sprechen heute von einem endlichen und trotzdem unbegrenzten Weltall, unbegrenzt in der Weise, daß man nirgends an eine Grenze stößt — nirgends ist das Weltall »mit Brettern vernagelt« —, endlich aber in der Weise, daß es seinem Rauminhalt nach endlich ist. So wie eine Kugeloberfläche unbegrenzt, aber von endlichem Inhalt ist, so auch das Weltall — nur alle Dimensionen um 1 erhöht. Modellmäßig darf man an die dreidimensionale Oberfläche einer vierdimensionalen Kugel denken. Hierbei wird zugleich das Gekrümmtsein des Weltalls zum Ausdruck gebracht, eine weitere neue Vorstellung von der Wirklichkeit um uns.

Aber nicht nur hinsichtlich des Raumes, sondern auch in bezug auf die Zeit hat die Welt den Unendlichkeitscharakter verloren. Wir sprechen davon, daß das Weltall einige Milliarden Jahre alt ist, und meinen damit, daß vor etwa 12-14 Milliarden Jahren die Materie entstanden ist und damit auch Zeit und Raum ihren Anfang genommen haben. Über das Wie gibt es mancherlei naturwissenschaftliche Hypothesen. Die Fragen nach dem Woher und Warum können von der Naturwissenschaft nicht beantwortet werden. Wie von einem Anfang wird auch von einem Ende dieses Weltalls gesprochen. Auf dem internationalen astrophysikalischen Kongreß in London 1955 wurde die Zahl von 10 Milliarden Jahren genannt, die man dem Weltall höchstens noch für seine Existenz zubilligt. Hierbei ist Existenz im Sinne von »Leben«, Ende im Sinne von »Tod« verstanden. Das sind zwar alles sehr große Zahlen, ebenso wie die Zahl 10^{80} für die Menge der Elementarteilchen, und im Verhältnis zu einem Menschenleben sind es praktisch »unendliche« Zahlen. Aber doch ist die Sicht von der Endlichkeit der Welt nach Raum und Zeit von grundsätzlicher Bedeutung für das Wirklichkeitsverständnis von heute.

Doch muß ich einem Mißverständnis vorbeugen: Ebensowenig wie von der Naturwissenschaft jemals bewiesen worden ist, daß die Welt unendlich sei nach Raum und Zeit — wie es im naturwissenschaftlichen Weltbild der Neuzeit als selbstverständlich angenommen wurde —, ebensowenig können wir heute beweisen, daß sie endlich sei nach Raum und

Zeit. Die Aufgabe des Naturwissenschaftlers ist lediglich, ein adäquates Bild von der Wirklichkeit um uns zu entwerfen; sie zwingt immer wieder dazu, auf Grund vertiefter Erkenntnis falsche Vorstellungen abzubauen, insbesondere scheinbare Denknotwendigkeiten als Denkgewohnheiten zu entlarven. Es ist im wesentlichen die Relativitätstheorie, die uns veranlaßt, in endlichen Kategorien zu denken. Relativieren heißt ja, Dinge, die man als absolut, als unabhängig voneinander angesehen hat, nun als bedingt, als abhängig voneinander zu erkennen. Nicht die euklidische Geometrie, die wir auf der Schule gelernt haben, ist die dem Raum angepaßte Geometrie, sondern eine nichteuklidische Geometrie, die für endliche Räume zugeschnitten ist.

Raum und Zeit sind also bedingt durch die Materie und damit als abhängig erkannt. Nun könnte man meinen, daß wenigstens die Materie etwas Absolutes sei, etwas aus sich selbst heraus Bestehendes. Aber auch da muß ich mit Nein antworten. Auch die Materie ist in unserer heutigen Sicht von der Wirklichkeit nichts Seiendes. Im Sinne der Philosophie mag das gelten, aber ich spreche hier nicht als Philosoph. Wir haben in der Naturwissenschaft erkannt, daß wir uns von manchen philosophischen Begriffsbildungen und Denkformen trennen müssen. Das naturwissenschaftliche Weltbild der Neuzeit ist in seinen weltanschaulichen Inhalten ein Produkt der Naturphilosophie, nicht der exakten Naturwissenschaft gewesen. Begriffe wie Absolutheit, Unendlichkeit, Ewigkeit, Unveränderlichkeit sind nichts anderes als letzte metaphysische Reste, die aus dem naiven Weltbild des Mittelalters in das sog. moderne naturwissenschaftliche Weltbild übergegangen sind. Nüchtern betrachtet, ist folgendes geschehen: Das naive Weltbild hatte noch Platz für Gott, für seine Gegenwart und sein Tun, für den Himmel und Gottes Eingreifen in Natur und Geschichte. Es wußte Gott unterzubringen. Im Zuge der Aufklärung aber ging dieses Bewußtsein parallel mit der Zerstörung des naiven Weltbildes durch die aufkommende Naturwissenschaft verloren. Dabei wurden in demselben Maße, wie der Glaube an Gott verlorenging, nach und nach alle seine Eigenschaften wie Absolutheit, Allgegenwart, Ewigkeit und Unveränderlichkeit in die Welt hineinverlegt. Bei diesen Zügen des Weltbildes handelt es sich also nicht um naturwissenschaftliche Erkenntnisse, sondern um Glaubensaussagen, die in einem metaphysisch-psychologisch erklärbaren Vorgang im kollektiven Unbewußten der Wissenschaftler zurückblieben und dann, weil dem Menschen das personale Gegenüber, auf das der Mensch bezogen ist, fehlte, der Welt zugeschrieben wurden. Wir haben jetzt nichts anderes getan, als diese metaphysischen Reste aus dem Weltbild der Neuzeit entfernt, und haben damit das Wirklichkeitsverständnis von heute gewonnen.

Wie sieht aber nun unsere Sicht von der Materie aus? Das Atom ist nicht die kleinste Einheit der Materie, sondern zerfällt in Atomkern und Elektronenhülle, und der Atomkern selbst besteht noch aus weiteren Bestandteilen, Protonen und Neutronen. Diese Elementarteilchen — die Protonen, Neutronen, Elektronen und noch einige andere Teilchen — sind also die letzten Einheiten der Materie. Damit ist aber die Zerlegung der Materie lediglich weiter verfeinert worden. Die entscheidende Frage ist: Was ist gegenüber dem atomaren Verständnis im neuzeitlichen Weltbild wirklich anders geworden?

Damals verstand man die kleinsten Einheiten der Materie als unzerstörbare substantielle Kügelchen, die durch ihre Anordnung und Bewegung die einzelnen materiellen Strukturen aufbauen. Heute wissen wir, daß die kleinsten Einheiten der Materie selbst nichts Materielles — im alten Sinn —, nichts Gegenständliches sind. Jede dinghafte, substanzhafte Vorstellung, die man sich von den Elementarteilchen macht, ist falsch, d. h. führt zum Widerspruch mit der Erfahrung. Als exakte Naturwissenschaftler stellen wir gar nicht mehr die Frage, was Elementarteilchen eigentlich sind. Die Frage nach dem Sein ist keine naturwissenschaftliche Frage mehr, sondern eher eine naturphilosophische. Wir haben jedenfalls die Vorstellung aufgeben müssen, daß die Wirklichkeit um uns als etwas Absolutes, Seiendes, von uns selbst Distanzierbares gegeben sei, und daß wir als Naturwissenschaftler beauftragt seien, sozusagen nur die Schleier hinwegzuziehen, um dann jedem sagen zu können: Sieh hier die Wirklichkeit; so ist sie.

Wir müssen die Seinsfrage aus unseren Untersuchungen ausklammern; sie ist keine naturwissenschaftlich beantwortbare Frage. Demzufolge fragen wir auch nicht nach dem Sein der Elementarteilchen. Überraschenderweise brauchen wir als Forscher gar nicht zu wissen, was sie sind, sondern nur, wie sie wirken. Was z. B. der elektrische Strom *ist*, kann kein Physiker sagen; aber er weiß, wie er wirkt, wie man ihn sich nutzbar machen und wie man sich vor seiner Gefährlichkeit schützen kann. So verstehen wir auch die Elementarteilchen nur als Wirkungen, Materie als Energie, als ein energetisches oder dynamisches Geschehen. Atome, Moleküle, jedes Stück Materie erweist sich als ein scheinbar chaotisches und doch wohlstrukturiertes Gewimmel von Elementarteilchen, d. h. von Wirkungen. Materie ist nicht, Materie geschieht!

Nun können Sie mir natürlich entgegenhalten, daß jede Wirkung doch eine Ursache haben müsse. Darauf kann ich nur antworten: Es mag sein, daß eine Ursache da ist. Aber wir können naturwissenschaftlich nichts darüber feststellen, weil hier jede Beobachtungsmöglichkeit aufhört. Wir sind heute als Naturwissenschaftler so bescheiden geworden, daß wir nur noch beschreiben, was wir beobachten. Wir geben keine Deutung mehr, keine Erklärung, stellen keine Frage mehr nach dem Warum, Woher und Wohin. Alle diese Fragen gehören in eine Philosophie, eine Weltanschauung, ein Weltbild oder ein Glaubensbekenntnis. Als Naturwissenschaftler können wir nur nüchtern und sachlich den Ablauf der Vorgänge schildern, die wir beobachten. Wo die Wirkungen herkommen, die sich als Elementarteilchen manifestieren, können wir nicht feststellen. Hier stehen wir an einer Grenze unserer Erkenntnis, vor einem Geheimnis, das die Natur nicht preisgibt. Und viele Naturwissenschaftler haben gelernt, sich vor diesem Geheimnis zu beugen.

Bei alledem spreche ich von der Überzeugung, wie sie bei den Naturwissenschaftlern des Westens vorherrscht. Die Naturwissenschaftler des Ostens haben bei allen wissenschaftlichen Untersuchungen sachlich dieselbe Sicht über den strukturellen Aufbau der Materie. Hieraus kann man erkennen, daß es für die Forschung belanglos ist, welche Vorstellung der Forscher von einem etwaigen Sein der Materie hat. Erst wenn es zu Aussagen über das Sein kommt, tritt der Unterschied hervor, und im Zuge einer weltanschaulichen Propaganda werden Wissenschaftler des Ostens in Übereinstimmung mit den Geboten des dialektischen Materialismus vom ewigen Bestand der Materie reden. Das geschieht jetzt überraschenderweise sogar als Glaubensbekenntnis. Das dem uns vertrauten Apostolischen Glaubensbekenntnis nachgebildete »Glaubensbekenntnis des sozialistischen Menschen« — vermutlich wird es bei den staatlichen Jugendweihen in der DDR gesprochen — schließt mit den Worten: »Ich glaube an den ewigen Bestand der Materie.« Für diese Klarstellung sollten wir dankbar sein. Denn das ewige Sein der Materie ist tatsächlich nur eine Glaubensaussage, nicht wissenschaftliche Erkenntnis.

Mit den neuen Erkenntnissen über Raum, Zeit, Materie hat nun auch die Naturgesetzlichkeit ihren Absolutheitscharakter verloren. Sie ist nicht mehr so determiniert, daß wir uns noch der Hoffnung hingeben dürfen, einmal alles vorausberechnen zu können. Die Naturgesetze im Großen, der Makrophysik, müssen als Grenzfall der Naturgesetzlichkeit im Kleinen, der Mikrophysik, verstanden werden. Diese aber sind letzten Endes nichts anderes als nach den Regeln der mathematischen Statistik gewonnene Wahrscheinlichkeitsaussagen. Wir können nur noch mit einem bestimmten Maß an Wahrscheinlichkeit voraus*sagen*, was und wie es geschehen wird, aber nicht mehr mit einer absoluten Gewißheit voraus*berechnen*, daß es so kommen muß. Man denke vergleichsweise an Wettervoraussagen! Daß trotz der Indeterminiertheit im Kleinen das Naturgeschehen im Großen so voll determiniert erscheint, daß der Eindruck von einer undurchbrechbaren Gesetzlichkeit entsteht und alle Anwendungen der Technik darauf gegründet werden können, ist nichts Selbstverständliches oder »Naturnotwendiges«, sondern etwas Überraschendes und Staunenerregendes — für den, der das Staunen wieder gelernt hat. Mathematisch formuliert, handelt es sich um das Gesetz der großen Zahl. Die Indeterminiertheit gilt nur für das Verhalten der einzelnen Teilchen. Sowie viele oder, wie bei allen makrophysikalischen Vorgängen, Milliarden und Billionen von Teilchen beteiligt sind, überlagern sich die einzelnen Verhaltensweisen zu einem kausalbedingten Geschehen.

Es haben also alle vier Begriffe Raum, Zeit, Materie, Naturgesetz ihren Absolutheitscharakter verloren und damit auch das ganze sogenannte naturwissenschaftliche Weltbild der Neuzeit.

II. Die Wirklichkeit um uns hat den Aspekt der Geschichtslosigkeit verloren

Das frühere Weltbild der Naturwissenschaft war eine geschichtslose Weltsicht. Nach ihm war die Welt niemals entstanden, sondern seit Ewigkeiten vorhanden und würde auch niemals ein Ende haben. Sie war unwandelbar, unzerstörbar und erhielt sich aus sich selbst heraus. Diese Sicht wurde auch nicht durch die Bewegungen und Veränderungen beeinträchtigt, die ständig zu beobachten sind, zum Beispiel durch den Unterschied zwischen Tag und Nacht infolge der Erdumdrehung oder durch den Wechsel der Jahreszeiten infolge der Bewegung der Erde um die Sonne. Die Regelmäßigkeit und unaufhörliche Wiederholung der Vorgänge wurde als Unveränderlichkeit empfunden im Sinne von Nietzsches Wort: Das einzig Beständige ist der Wechsel. So war unsere Vorstellung von der Welt als Ganzes geschichtslos.

Inzwischen hat sich dieses Verständnis vollständig gewandelt. Wir sprechen heute von der Geschichtlichkeit der Natur. Zunächst hat jedes Lebewesen sein Werden, sein Reifen, sein Altern und sein Vergehen, wie man es bei den Menschen, den Tieren und den Pflanzen — natürlich mit zeitlichen Unterschieden — beobachten kann. Denken wir weiter an die Erdoberfläche, an die Gebirge, die Meere, die Flußläufe, die Wüsten usw.: Sie sind nicht immer so gewesen, wie sie heute sind. Vielmehr wissen wir, daß im Laufe der Zeit Umformungen stattgefunden haben. Die geologischen Zeitalter, die wir an den Schichten und Fossilien der Erdrinde studieren können, lehren uns den Wechsel in der Verteilung von Land und Wasser, das Verschieben und Verschwinden von Kontinenten; sie geben uns Kunde von der immensen unterirdischen Faltungstätigkeit, während der die heutigen großen

Gebirge entstanden, und von deren nach und nach erfolgtem Emporheben. So sind die Alpen zum Beispiel, geologisch gesehen, ein junges Gebirge, die deutschen Mittelgebirge dagegen viel älter. Leben ist entstanden, Eiszeiten haben sich mit wärmeren Perioden abgelöst. Das alles ist ein ständiges Werden, Reifen und Altern gewesen.

Aber auch die Erde als Ganzes hat ihre Geschichte, ist vielleicht aus der Sonne herausgerissen worden oder hat sich aus kosmischem Staub durch Rotations- und Gravitationskräfte gebildet. Jedenfalls hat sie einmal ihren Anfang gehabt und ihre Entwicklung durchgemacht, von einem gasförmigen Frühzustand über einen feurig-flüssigen zu dem erstarrten vorläufigen Endzustand der Gegenwart, wobei sich auch ihre Atmosphäre, die erst ohne Sauerstoff war, geändert hat. Die Erde hat jetzt ein Alter von etwa 3—5 Milliarden Jahren erreicht und geht einem Ende entgegen. Ebenso haben die Sonnen und alle Sterne im Weltall ihr Alter und ihre Geschichte. Wir unterscheiden junge und alte Sterne nach der Färbung des Lichtes, das sie ausstrahlen. Wir stellen fest, daß Sterne neu auftauchen bzw. durch Explosionen vergehen, und nehmen an, daß das Weltall sich ständig ausdehnt. So ist die Vorstellung, die wir heute vom Kosmos haben, die, daß er einmal entstanden ist — ohne daß wir wissen, wie und warum —, daß er seine Frühzeit durchlaufen und ein gewisses Alter erreicht hat — die Schätzungen hierzu schwanken zwischen 8 und 14 Milliarden Jahren — und daß er einem Ende zustrebt, d. h. einem Zustand maximaler Entropie, bei dem also die Verteilung der Materie im Weltall die größtmögliche Wahrscheinlichkeit erreicht hat. Das Ganze erscheint als ein einmaliger, unwiederholbarer Prozeß. Geschichtlichkeit ist ein Kennzeichen der Wirklichkeit um uns. Sie hat den Aspekt der Geschichtslosigkeit verloren.

III. Die Wirklichkeit um uns trägt den Zug der Komplementarität

Damit kommen wir zu einem weiteren, entscheidenden neuen Merkmal der Wirklichkeit um uns. Es ist die sehr merkwürdige

Tatsache, daß manchem Eigenschaftsträger Eigenschaften zugeordnet werden müssen, die im Gegensatz zueinander stehen, und daß erst in dieser zweifachen Zuordnung das Ganze des betreffenden Eigenschaftsträgers erfaßt wird. Die beiden Aussagen über ihn ergänzen sich, indem sie sich widersprechen, bzw. widersprechen sich, indem sie sich ergänzen. Diesen Sachverhalt nennen wir Komplementarität. Das bekannteste Beispiel ist die Wirklichkeit (die Natur) des Lichtes. Aber es gilt auch für jede andere Energie, mithin für jede Materie. Die entscheidende Frage ist, ob das Licht Teilchen- oder Wellencharakter hat. Während man früher jahrhundertelang gestritten hat, welche dieser beiden Erscheinungsweisen des Lichtes die »wirkliche« sei, hat man jetzt erkannt, daß das Licht sowohl Teilchen- als auch Wellencharakter besitzt. Mit dem bisherigen Denken war und ist es unvorstellbar, daß das Licht beides »zugleich« sein könne. Denn ein Teilchen ist etwas, das auf einen Punkt im Raum beschränkt bleibt und dort unter dem Einfluß einer Kraft bestimmte Bahnen beschreiben kann, während eine Welle etwas ist, das zwar auch von einem Punkte ausgeht, aber dann sehr schnell den ganzen Raum kontinuierlich erfüllt. Da diese beiden Erscheinungsarten sich gegenseitig ausschließen, könne — so meinte man — ein Lichtstrahl entweder ein Wellenvorgang, eine Wellenlinie, oder ein Teilchenvorgang sein, eine Geschoßgarbe aus kleinen Teilchen, den sogenannten Photonen, aber nicht das eine und das andere. Immer wieder zeigt jedoch die Erfahrung, das heißt, das Experiment, daß gewisse Eigenschaften des Lichts, wie etwa Beugung und Interferenz, nur auf der Grundlage der Wellennatur des Lichts erklärt werden können, während andere Eigenschaften, wie etwa Spiegelung und Brechung, auf die Teilchennatur des Lichts schließen lassen. Allerdings macht erst der lichtelektrische Effekt mit Absorption und Emission die quantenhafte Struktur der Lichtstrahlen wirklich notwendig. Seitdem muß man sich der Tatsache beugen, daß der Lichtstrahl *beides* ist, 100%ig Teilchenvorgang und 100%ig Wellenvorgang. Dieses »zugleich« bedarf jedoch noch einer Präzisierung, auf die ich gleich zu sprechen komme (Punkt 4).

Zuvor will ich die Tatsache als solche noch von einer anderen Seite beleuchten. Daß ein und derselbe Lichtstrahl in einem Experiment seinem Wesen nach Wellencharakter und in einem anderen Experiment seinem Wesen nach Teilchencharakter hat, ist ein fundamental neues Verständnis von der Wirklichkeit um uns. Diese Komplementarität der Materie hat uns gezwungen umzudenken. Bisher als denknotwendig empfundene Vorstellungen entpuppen sich als Denkgewohnheiten. Worin hat sich nun das Denken geändert? Die durch die Komplementarität bedingte Änderung liegt in der Abkehr von Aristoteles. Sicher ist Aristoteles einer der größten Denker der Menschheit gewesen, aber die von ihm entwickelte Logik reicht nicht aus, um die Wirklichkeit um uns in ihren letzten Gegebenheiten adäquat zu beschreiben. Wir brauchen eine neue Logik und haben auch schon eine solche, als dreiwertige Logik, in Physik und Mathematik entwickelt. Zwar kommt man auch heute noch im Raum der Makrophysik mit der zweiwertigen Logik aus, aber nicht mehr in der Mikrophysik. Für Aristoteles war ein Sachverhalt »so« oder »nicht so«, eine dritte Möglichkeit gab es für ihn nicht. Der Satz vom ausgeschlossenen Dritten und ebenso der Satz vom zureichenden Grunde und der Satz vom Widerspruch, diese drei fundamentalen Sätze der aristotelischen Logik haben ihre Allgemeingültigkeit, den Charakter von Denknotwendigkeiten verloren. Sie sind sämtlich aufgehoben in der Wirklichkeit, die in der Naturgesetzlichkeit der Mikrophysik zu uns spricht. Selbst unsere Sprache greift nicht mehr an der Wirklichkeit an, weil die Begriffe, in denen wir reden, längst durch das abendländische Denken vorgeprägt und vorbelastet sind.

IV. Die Wirklichkeit um uns trägt den Zug der Nichtobjektivierbarkeit

Für die bereits angekündigte Präzisierung in der Abkehr vom »Entweder-Oder« des Aristoteles und Hinwendung zu einem »Zugleich« ist zu beachten, daß die beiden sich ausschließenden Eigenschaften dem Eigenschaftsträger nicht »an sich« zukommen. Es gilt jetzt, sich von dem »an sich« zu lösen.

Die Eigenschaft, Welle zu sein, kommt dem Licht im Zusammenhang nur *einer* Art von Experimenten zu und ebenso die Eigenschaft, Teilchen zu sein, nur in einer *anderen* Art von Experimenten. Wir waren nun gewohnt, aus solchen Beobachtungen zu schließen, das Licht sei *an sich* ein Wellenvorgang, *an sich* ein Teilchenvorgang. Die Wirklichkeit ist anders. Sie zwingt uns, bei dem Beobachteten zu verbleiben und die Aussagen *nicht* aus dem Beobachtungszusammenhang herauszulösen. Das nennen wir die Nichtobjektivierbarkeit der Aussage. Diese läßt sich nicht in dem Sinne objektivieren, daß man aus der beobachteten Eigenschaft auf ein entsprechendes »An-Sich-Sein« des Eigenschaftsträgers schließt. Der Beobachtung liegt zwar ein objektiver Sachverhalt zugrunde; so *ist* der Lichtstrahl in dem einen Zusammenhang wirklich ein Wellenvorgang und in dem anderen Zusammenhang wirklich ein Teilchenvorgang, aber die Aussage darüber ist nicht objektivierbar. Man muß beide Aussagen — als je in ihrem Zusammenhang richtig und wahr — voll gelten lassen. Man muß davon abgehen, das Sein als ein naturwissenschaftlich einheitlich erkennbares und beschreibbares Absolut-Seiendes zu begreifen, und muß sich damit begnügen, zu sagen: Der Lichtstrahl ist in dem einen Zusammenhang ein Wellenvorgang und in dem anderen ein Teilchenvorgang. In beiden Fällen ist das Phänomen echt, objektiv, wirklich. Wir erkennen also zwei verschiedene Erscheinungsweisen für ein und denselben Eigenschaftsträger, die beide Wirklichkeitscharakter tragen, sich gegenseitig ausschließen und erst zusammen die volle Wirklichkeit des Trägers darstellen. Erkenntnistheoretisch bedeutet das eine Relativierung des Seins! Die Physik macht keine verabsolutierende Seinsaussage mehr. Jede solche Seinsaussage ist notwendig eine Aussage philosophischen, weltanschaulichen oder religiösen Inhalts.

Auf Grund der Nichtobjektivierbarkeit müssen wir uns, wie bei der Komplementarität von Aristoteles, so auch hier von einem Philosophen lösen, der unser Denken sehr stark bestimmt hat, nämlich von Descartes. Durch ihn ist in unser Denken die — wie ich meine, unheilvolle — Spaltung der Wirklichkeit um uns gekommen, die wir jetzt als Decartessche

Spaltung bezeichnen: Die Zerlegung der Wirklichkeit in eine res cogitans, den Menschen, das Subjekt, das nachdenkt, und in eine res extensa, die Natur, das Objekt, über das nachgedacht wird. Diese Aufspaltung in Subjekt und Objekt ist typisch für die Descartessche Betrachtungsweise. Er geht stillschweigend von der Annahme aus, es sei selbstverständlich, daß wir uns als beobachtendes Subjekt jederzeit aus dem Beobachtungszusammenhang heraushalten, die Natur zu einem von uns losgelösten Objekt machen, die Wirklichkeit um uns objektivieren können.

An den beiden Experimenten mit dem Lichtstrahl haben wir erkannt, daß das bei Vorgängen und Untersuchungen der Mikrophysik allgemein nicht geht. Der Beobachter gehört in die Aussage hinein, daß das Licht in dem einen Zusammenhang sich als Teilchenvorgang und in dem anderen als Wellenvorgang erwiesen hat.

Damit sind wir bei dem Denken in Relationen. Von der griechischen Philosophie her haben wir das grammatikalische Denken gelernt, das in der Scholastik besonders ausgeprägt wurde und von dem wir uns lösen müssen, um stattdessen ein funktionelles Denken, ein Denken in Relationen anzunehmen. Das grammatikalische Denken ist durch den Satz gekennzeichnet: Operari sequitur esse. Das Handeln folgt dem Sein. Das bedeutet, daß erst dann etwas geschehen kann, wenn etwas da ist. Anders ausgedrückt: Mit jedem Prädikat, das unser Gehirn aufnimmt, assoziieren wir sofort ein Subjekt oder Objekt, das diesem Prädikat notwendig zukomme. So stellen wir uns bei dem Wort »Wirkung« immer sofort ein Subjekt vor, von dem die Wirkung ausgeht, und ein Objekt, an dem sie sich ereignet. Bei dem Wort »Schwingung« zum Beispiel denken die meisten sofort an ein Medium, das schwingt, und an eine Quelle der Schwingung, eine Ursache, einen Urheber. So konnte man sich lange nicht erklären, wie die elektromagnetischen Wellen des Lichtes von den Sternen zu uns dringen können, ohne daß sie einen Träger haben. Daher postulierte man seinerzeit den Äther. Das ist typisch für grammatikalisches Denken. Sagen wir aber nur das aus, was wir wirklich beobachten, so können wir lediglich feststellen:

Wir beobachten Schwingungen und haben in der Mikrophysik aufgehört, einen Träger der Schwingungen zu fordern. Wir beobachten Wirkungen und haben in der Mikrophysik aufgehört, für die Wirkung eine Ursache als selbstverständlich oder notwendig anzunehmen.

V. Naturbild und Weltbild

Mit diesen vier Punkten — Relativierung der neuzeitlichen Absoluta, Geschichtlichkeit statt Geschichtslosigkeit, Komplementarität statt anschaulicher Einheitlichkeit, Nichtobjektivierbarkeit statt unverbindlicher Neutralität — habe ich die wichtigsten Punkte genannt, die das neue naturwissenschaftliche Wirklichkeitsverständnis kennzeichnen. Ich möchte mir erlauben, nun noch zu zeigen, was die neue naturwissenschaftliche Sicht im Bereich der übrigen Wirklichkeiten, des Menschen oder des Glaubens oder der Geschichte, bedeuten kann.

Zunächst hoffe ich, daß ich die meist beruhigend empfundene Sicherheit des naturwissenschaftlichen Weltbildes der Neuzeit zerstört habe. Das war einfach notwendig. Wir müssen heraus aus diesem falschen »Gesichertsein«. Ich hoffe ferner, daß ich in Ihnen stattdessen das Gefühl erweckt habe, im Grunde genommen über einem Nichts, über einem Abgrund gehalten zu werden. Bitte denken Sie jetzt einmal an sich selbst und zerlegen in Gedanken Ihren Leib über die Zellen, Moleküle und Atome in Elementarteilchen, betrachten also Ihren Organismus rein physikalisch als eine Unsumme von Elementarteilchen in einem erstaunlichen, strukturell gegliederten Aufbau, verstehen aber nun nicht mehr jedes Elementarteilchen als etwas Substantielles, Gegenständliches, sondern als eine Wirkung, von der nicht mehr feststellbar ist, woher sie kommt! Dann mag Ihnen diese »Selbstbetrachtung« den Eindruck vermitteln, von dem ich eben sprach: Sich völlig ungesichert zu fühlen über einem Nichts, über einem Abgrund.

Ich möchte weiter deutlich machen, daß wir Naturwissenschaftler heute kein Weltbild mehr geben, das man sich nur anzueignen brauchte und in dem man sich häuslich einrichten könnte, sondern daß wir nur ein Naturbild bieten, eine sehr sorgfältige und umfassende Beschreibung des vordergründigen Geschehens, als das die Natur sich uns zeigt — aber ohne jede Deutung oder Begründung. Die Erde und der ganze Kosmos bestehen aus einer Unsumme von Wirkungen, von denen wir nicht wissen, woher sie kommen. Alles scheint über einem Nichts, über einem Abgrund zu hängen. Carl Friedrich von Weizsäcker sagt einmal, daß der Mensch, der das wirklich begreift, erschrickt, existentiell erschrickt, und daß dieses Erschrecken dem Erschrecken des Menschen vor Gott gleiche. Deswegen ist diese Ungesichertheit, die ich vom Wirklichkeitsverständnis der heutigen Physik her deutlich machen möchte, so heilsam. Sie führt den, der Ohren hat zu hören, zum Erschrecken vor einem Unbekannten, von dem er abhängt.

Nun kann man natürlich auch von Weltbildern sprechen, auch von einem naturwissenschaftlich ausgerichteten Weltbild, dies aber nicht mehr im Sinne einer naturwissenschaftlich gesicherten und begründeten Weltanschauung. Das Weltbild hängt vielmehr von einer persönlichen Entscheidung des einzelnen Menschen ab, der ein Weltbild haben will, und kann nicht mehr von der Naturwissenschaft her untermauert werden. Die Sache liegt genau umgekehrt. Das Naturbild von heute läßt sich in viele Weltbilder einbetten, die der Mensch sich gemacht hat. Der Schritt vom Naturbild zum Weltbild ist gewiß möglich, aber von dem *einen*, wissenschaftlich erkannten Naturbild her kann man zu *vielen* Weltbildern und Weltanschauungen gelangen, je nach der persönlichen Vorentscheidung des Menschen. Hat er sich auf Grund innerster, das heißt irrationaler Momente für »sein« Weltbild entschieden, so kann er oft nachträglich feststellen, daß das Naturbild von heute in dieses Weltbild hineinpaßt. Ich gebe zwei Beispiele und wähle dazu zwei Extreme: das Weltbild das konsequenten Nihilismus und das Weltbild des christlichen Glaubens.

Nehmen wir den Glauben an das Nichts! Dieser Glaube ist persönliche Entscheidung, ist wirklich Glaube. Denn wenn man das Nichts nachweisen könnte, wäre es ja kein Nichts, sondern ein Etwas. Es gibt also nur die Möglichkeit, an »Nichts« zu *glauben*. Ein solcher Glaube steht auch hinter der besonders seit der Zeit der Aufklärung vertretenen Überzeugung: Es gäbe nichts, das nicht durch unsere Sinne und unseren Verstand erkennbar und begreifbar wäre. In dieses Weltbild will ich das heutige Naturbild einbetten; das heißt ich beantworte Fragen, die das Naturbild offen läßt, nun vom Weltbild her.

Man könnte etwa fragen, was denn, wenn dieses Weltall endlich ist, »außerhalb« sei. Der Naturwissenschaftler kann darauf keine Antwort geben, weil er »über das Weltall hinaus« nicht beobachten kann; er kann nur forschen, soweit Materie sich erstreckt. Der Nihilist aber kann antworten und sagt: Außerhalb ist nichts. — Wenn diese Welt einen Anfang gehabt hat mit der Zeit, was war dann vorher? Wenn diese Welt auch ein Ende haben soll, was wird dann hinterher sein? Der Naturwissenschaftler kann wieder keine Antwort geben; denn er kann nur beobachten, seitdem Materie geschieht und solange Materie geschehen wird. Der Nihilist aber sagt: Vorher war nichts und nachher wird auch nichts sein. — Wo kommen die Wirkungen her, die als Elementarteilchen die Materie strukturell aufbauen? Der Naturwissenschaftler kann diese Frage nicht beantworten, weil er diese Teilchen nicht in den Griff bekommt, weil ihm auch hier Grenzen für die Beobachtung gesetzt sind, die im »Wesen« des Teilchens liegen. Der Nihilist aber antwortet: Diese Wirkungen kommen aus dem Nichts. Er versteht sich ja selbst so, daß er aus dem Nichts kommt und in das Nichts geht. Denn wenn man ihn nach dem Sinn seines Leben fragt, so wird er ihn lediglich in der Haltung sehen, mit der er dem Tode entgegengeht, das heißt dem Nichts, aus dem er gekommen ist. Es ist also eine völlig abgerundete Weltanschauung, der Glaube an das Nichts, und das Naturbild von heute paßt wie nach Maß gemacht da hinein.

Diesem Weltbild vom Nichts stelle ich das Weltbild des Glaubens an den persönlichen Gott gegenüber, das ich als gläubiger Christ habe. Vielleicht werden Sie sehr verwundert sein, aber das Naturbild von heute paßt auch in dieses Weltbild ohne jeden Widerspruch, ohne ein sacrificium intellectus. Allerdings meine ich mit dem christlichen Weltbild nicht die sogenannte Dreistockwerkssicht von Himmel, Erde und Hölle.

Diese Sicht ist eine verständliche, aber naive menschliche Konstruktion, jedoch nicht das Weltbild der Bibel, die eine ganz andere Sicht hat. Wer die Bibel als Offenbarung des lebendigen Gottes ernst nimmt und bereit ist, durch die oft etwas menschliche Ausdrucksweise hindurch das Eigentliche zu erkennen, wird feststellen, daß sie neben dem Sichtbaren vom Unsichtbaren redet und dieses als die eigentliche Wirklichkeit, die Wirklichkeit Gottes, kennzeichnet. Wissen und Zeugnis vom Unsichtbaren durchzieht die ganze Bibel. Ich beschränke mich auf zwei Worte von Paulus, der besonders deutlich von diesen beiden Kategorien, vom Sichtbaren und Unsichtbaren, spricht: In ihm, in Jesus Christus, ist alles erschaffen worden . . ., das Sichtbare und das Unsichtbare. Und: Wir schauen nicht auf das Sichtbare, sondern auf das Unsichtbare, denn das Sichtbare ist zeitlich, das Unsichtbare aber ewig.

An die Stelle des Nichts im Weltbild des Nihilisten tritt nun in meinem Weltbild das Unsichtbare. Auch dieses läßt sich nicht beweisen, man kann nur daran glauben — auf Grund der Offenbarung durch das Wort Gottes. Wer aber diesen Glauben hat *und* das Wissen um die heutige Naturerkenntnis, der wird erstaunt sein, wie das Wirklichkeitsverständnis der Bibel dem der Naturwissenschaft entspricht. Es handelt sich natürlich nicht um Identität, sondern nur um Analogie. Doch darf man von kategorialen Analogien sprechen. Der Komplementarität von Teilchen- und Wellenaspekt der sichtbaren Wirklichkeit entspricht eine Komplementarität des Sichtbaren und des Unsichtbaren zueinander. Der Nichtobjektivierbarkeit von Aussagen physikalischer Prozesse entspricht die Nichtobjektivierbarkeit der Aussagen über Gottes Hinwendung zu den Menschen, über sein Handeln in der Welt, in der Natur und Geschichte.

Beide Wirklichkeiten sieht die Bibel nicht übereinander oder umeinander, sondern ineinander. So stehen wir auch als Menschen jederzeit zugleich im Sichtbaren und im Unsichtbaren, 100%ig in dem einen und 100%ig in dem anderen. Unser volles Sein als Mensch ist erst dann beschrieben, wenn beide Wirklichkeiten berücksichtigt werden. Und die Aussagen darüber ergänzen sich, indem sie sich widersprechen. Von daher sind viele scheinbare »Widersprüche« in der Bibel zu erklären, wenn — was besonders deutlich von der dialektischen Theologie betont wird — eine Aussage zugleich mit ihrem Gegenteil belegt ist; denn erst dadurch hat man Sichtbares und Unsichtbares in ihrem Ineinander — und damit unsere menschliche Existenz in beiden — voll erfaßt.

Was ist außerhalb des endlichen Kosmos? Was war vorher? Was wird nachher sein? Die Antwort des Glaubens lautet: Das Unsichtbare, Gottes Wirklichkeit, seine Ewigkeit. Alle unsere Raum- und Zeitvorstellungen versagen hier, greifen nicht mehr an. Gottes Ewigkeit ist das Unsichtbare, das nirgends Grenzen hat und, das Sichtbare durchdringend, auch mich bis ins Innerste erfaßt. Raum und Zeit sind mit der Materie aus dieser Ewigkeit durch einen Schöpfungsakt Gottes herausgeflossen und münden einmal wieder in sie ein.

Und wo kommen die Wirkungen her, die das Sichtbare aufbauen? Aus dem Unsichtbaren. Naturwissenschaftliche Erkenntnis besagt: Materie ist nicht, Materie geschieht. Die Bibel bezeugt das Analoge vom Worte Gottes. Das Wort ist es, das alles geschaffen hat, das Sichtbare und das Unsichtbare. Das Wort ist etwas Dynamisches, etwas Lebenspendendes — Energie, wenn Sie wollen. Viele Propheten bekennen in der Bibel: Es geschah das Wort des Herrn. Das Wort Gottes ist etwas, das geschieht. Wie er spricht, so geschieht es; wie er gebietet, so steht es da.

So möchte ich mit dem kühnen, aber mir sehr wichtigen Bekenntnis schließen: Gottes Wort hat die unbegreifbare Fähigkeit, sich im Sichtbaren, in der Wirklichkeit um uns als Energie zu manifestieren, als Teilchen oder als Welle, wie er will. Und wer mir in diesem Glauben folgen kann und das Naturbild von heute akzeptiert, wird einsehen, daß dieses Naturbild sich auch in das Weltbild des Glaubens einbetten läßt. Nie aber kann man von der Naturwissenschaft zu diesem Weltbild geführt werden.

I.

Auf Einladung Ihrer Vereinigung[17] darf ich als Deutscher hier in einem Lande sprechen, über das in den Jahren 1940 bis 1945 durch Deutsche viel Leid und Unrecht gekommen ist. Ich bin mir bewußt, daß ich dies nur tun darf, weil ich in persönlicher Beugung unter das geschehene Unrecht Vergebung empfangen habe von dem, der allein wirkliche Vergebung schenken kann: Jesus Christus. Und ich bin dankbar, daß ich in Ihrer Vereinigung zu Menschen rede, die von solcher Vergebung wissen und ebenfalls von daher leben. Das allein gibt mir Mut und Freiheit, jetzt hier zu Ihnen zu sprechen.

Die Wandlung im Denken, von der mein Vortrag handeln soll, hat sich während der letzten vier Jahrzehnte in den Denkkategorien der Physik und Mathematik vollzogen. Sie ist von anderer Art als die Metanoia, zu der wir Menschen vom Worte Gottes her aufgerufen werden — und doch sind Parallelen und Beziehungen beider Wandlungen zueinander für den, der Augen hat zu sehen, nicht von der Hand zu weisen. Ich will zum Schluß auch darauf zu sprechen kommen. Ich bin überzeugt, daß die Wandlung im Denken der Physik beispielhaft werden wird für das Denken jeder anderen Wissenschaft, nicht nur der übrigen Naturwissenschaften und der Medizin, sondern auch der Geisteswissenschaften, insbesondere der Philosophie und Theologie. Um diesen großen Spannungsbogen deutlich zu machen, will ich mich auf zwei Gebiete beschränken und versuchen, kategoriale Analogien im Denken der heutigen Physik und der heutigen Theologie aufzuzei-

[17] Der Vortrag wurde 1961 vor der Christelijke Vereniging van Natuur- en Geneeskundigen in Nederland in Amsterdam gehalten und erschien in deren Zeitschrift »Geloof en Wetenschap«, Jahrgang 59 (1961), S. 129—154. In ähnlicher Form wurde er zuvor veröffentlicht in »Horizont« (Zeitschrift der Evangelischen Akademie Baden), Band 1 (1956), S. 107—121, sowie in »Evangelischer Glaube und soziale Verantwortung« (Sonderheft der Berliner Stadtmission), Berlin 1957, S. 50—69.

gen. Es ist erstaunlich, in welchem Maße diese beiden Wissenschaften, die doch bis vor wenigen Jahrzehnten — zum Teil noch heute — als feindliche Brüder verstanden wurden, jetzt unabhängig voneinander in gleicher Weise zu denken begonnen haben und miteinander Gespräche führen — wenn auch noch sehr im Verborgenen —, um mehr und mehr festzustellen, daß sie beide von derselben Wahrheit zeugen.

Es wird zweckmäßig sein, daß wir uns kurz darauf besinnen, was für *das bisherige Denken der Naturwissenschaft* charakteristisch gewesen ist. Ich glaube, daß die meisten Menschen, zumindest die ältere Generation, noch ganz in dem inzwischen überholten und veralteten Weltbild der Naturwissenschaft aufgewachsen sind, das auf dem Fundament gesicherter Erkenntnisse eine Gesamtschau der Wirklichkeit um uns darzustellen versuchte. Es handelt sich dabei in erster Linie um eine Verabsolutierung von Kategorien, durch die jenes Denken der Naturwissenschaft des 19. Jahrhunderts geprägt wurde, das ich kurz *das neuzeitliche Denken* nenne.

Ich erinnere nur an die wichtigsten dieser Absoluta der Neuzeit: Raum, Zeit, Materie, Naturgesetz. Man sprach von einem *Raum* an sich, den man sich als leeren Raum dachte, in den alles Vorhandene, alle Sterne und Sternsysteme, sozusagen eingezogen sind wie Parteien in ein Mietshaus. Wenn man in Gedanken alles herausnimmt, was den Weltraum erfüllt, bliebe noch etwas übrig, eben der leere Raum. Ebenso stellte man sich die *Zeit* als etwas Unabhängiges vor. Man nannte sie die mathematische Zeit, die von minus unendlich bis plus unendlich abläuft — auch ohne daß etwas passiert. Ferner verstand man die *Materie*, die wir als Naturwissenschaftler zu beobachten und mit der es auch die Mediziner zu tun haben, als ein wissenschaftlich zugängliches, objektivierbares Sein, das irgendwie aus sich selbst heraus besteht. Man sah zwar ihre Veränderlichkeit im Großen, aber man wußte, daß die Materie auf kleinste Einheiten — die Atome, wie man es damals verstand — zurückführbar ist. Und diese Bausteine der Materie hielt man für feste, kleinste Kügelchen, die ewig, aus sich selbst heraus bestehend, unzerstörbar und unveränderlich sind. Hier glaubte man ein erkennbares und beschreibbares, wenn nicht gar erklärbares Sein vor sich zu haben. Und schließlich war die *Naturgesetzlichkeit* im Denken der Neuzeit ein Absolutum, undurchbrechbar, keine Ausnahme zulassend. Man glaubte, daß durch sie alles Geschehen an der Materie in Raum und Zeit restlos determiniert sei. So wie Sonnen- und Mondfinsternisse in die Vergangenheit und in die Zukunft hinein mathematisch genau bestimmbar sind, so, meinte man, würde man auch jedes andere, selbst das innermenschliche Geschehen, wenn man nur erst die richtige Formel habe, aus den Gegebenheiten einer Situation vorausberechnen können.

Bei all diesen Vorstellungen handelt es sich aber um Verabsolutierungen von naturwissenschaftlichen Kategorien, ohne daß die Zulässigkeit dieses Vorgehens wissenschaftlich erwiesen gewesen wäre. Man empfand sie als Denknotwendigkeiten, und doch waren es nur metaphysische Reste aus einer Zeit, in der man an den lebendigen Gott glaubte, dem die Prädikate absolut, ewig, unveränderlich, allmächtig, unendlich mit Recht zukommen. Als der Glaube an diesen Gott im Zuge der Zerstörung des naiven Weltbilds durch die Naturwissenschaft immer mehr dahinschwand, projizierte man seine Eigenschaften in die Welt, und so erhielt diese den Charakter eines absoluten, unendlichen, ewigen und unzerstörbaren Seins.

Noch ein Wort zum *Menschenverständnis* innerhalb der Neuzeit! Man hatte den Persönlichkeitsglauben geprägt, daß der Mensch durch sich selbst etwas Besonderes sei. Man glaubte an einen göttlichen Funken im Menschen, daß der Mensch im Grunde genommen gut und daß es daher möglich sei, ihn auf dem Wege der Erziehung oder durch geeignete Umwelteinflüsse zu etwas Vollkommenem zu machen oder werden zu lassen. Man erwartete, daß die Menschheit einmal alle Abhängigkeiten überwinden und damit selbst etwas Absolutes darstellen würde. Der Fortschrittsglaube spiegelt das ja deutlich wider. Hand in Hand mit diesen Verabsolutierungen ging dann das, was wir als Materialismus oder Mechanismus bezeichnen und — ich weiß nicht, ob ich mich da richtig ausdrücke — auch das, was unter somatischer Medizin verstanden wird: Die Vorstellung davon, daß der Mensch auch physiologisch und psychologisch nichts anderes sei als Materie, daß es im menschlichen Organismus ebenfalls nur auf Kausalzusammenhänge ankomme, und daß man im Krankheitsfalle nach Feststellung der Ursache allein mit einem mechanistischen Prozeß — Operation, Medikament, physikalischer Therapie — die Heilung herbeiführen könne. All das zeigt, daß man den Menschen nur von der Diesseitigkeit her begriff und in ihm nichts anderes sah als das rein Materielle, das unseren Sinnen, unserem Verstande, unserer ratio zugänglich ist.

Der Verabsolutierung von innerweltlichen, immanenten Kategorien geht parallel die *Abkehr vom eigentlichen Absolutum, von Gott.* Eine Gottesvorstellung war nur in einem sehr eingeschränkten Sinne möglich, in immanenter, naturalistischer, bestenfalls in deistischer Form, sofern der selbstherrliche Mensch sie überhaupt noch anerkennen wollte. Nicht aber möglich war mehr die biblische Erkenntnis, d. h. die Offenbarung Gottes als eines persönlichen, lebendigen Gottes, eines Gottes, der handelnd in Natur und Geschichte eingreift. Denn im Weltbild der Neuzeit war ja Gott nicht nur wohnungslos gemacht worden, weil ein Himmel nicht mehr denkbar war, sondern auch arbeitslos, weil alles durch die Naturgesetze geregelt wurde und die Möglichkeit eines Eingreifens Gottes in diesen Kausalzusammenhang, in das determinierte Geschehen nicht anerkannt werden konnte. So zerfiel nach und nach der lebendige christliche Glaube; er wurde Lehre, Religion, Ethik, Moral, Philosophie, d. h. in irgendeiner Weise Glaubensersatz. Ich darf in diesem Zusammenhang an ein Wort von Heidegger erinnern: Wer glaubt, braucht keine Philosophie; ich mache eine Philosophie für die, die nicht glauben können.

Mit diesen wenigen Strichen muß ich mich begnügen; ich bin mir bewußt, daß das noch genauer auszuführen wäre. Doch werden die meisten von Ihnen durch diese kurze Skizze wohl schon wissen, in welchem Sinne ich die durch das neuzeitliche Denken der Naturwissenschaft verursachte geistige Situation zu Beginn dieses Jahrhunderts verstanden haben möchte. Demgegenüber sollen nun die *Charakteristika des neuen*

Denkens genannt werden, das von der Physik, vor allem in den letzten Jahrzehnten, entwickelt wurde. Und zwar nicht aus einer Spekulation heraus, nicht aus dem Bedürfnis, das neuzeitliche Denken zu überwinden, auch nicht zum Vergnügen, weil wir sonst nichts zu tun gehabt hätten, sondern aus einer inneren Notwendigkeit heraus, die sich mit dem Vordringen der naturwissenschaftlichen Forschung ergab. Wir mußten bei der Erforschung der Mikrophysik, der Gesetzmäßigkeit des Kleinen, des atomaren Bereiches, umdenken lernen. Es ist uns wahrhaftig nicht leicht geworden.

II.

Als erstes Kennzeichen möchte ich Ihnen die *Relativierung der neuzeitlichen Absoluta*, von denen ich vorhin sprach, nennen. Relativieren heißt, etwas, das man als absolut, als unbedingt, als von anderem unabhängig, aus sich selbst heraus bestehend geglaubt hatte, nun als abhängig, als bedingt zuerkennen. Raum und Zeit sind keine selbständigen unabhängigen Kategorien. Der Raum ist auch nicht notwendig unendlich, wie es im Weltbild der Neuzeit geglaubt wurde. Wir sprechen heute von einem endlichen Weltall, d. h. von einem Weltall, dem ein endliches Volumen zukommt, ebenso von einem Anfang der Zeit. Es gibt zahlreiche Argumente dafür, daß dieses Weltall ein bestimmtes Alter hat, nicht nur die Erde oder unser Sonnensystem, sondern der gesamte Kosmos, ein Alter von etwa 8 Milliarden Jahren.[18] Und wir sprechen auch von einem Ende des Kosmos im Sinne des Entropiesatzes. Auf dem großen internationalen Astrophysiker-Kongreß in London im September 1955 wurde die Zahl von 10 Milliarden Jahren genannt, die unser Kosmos als solcher höchstens noch existieren wird. Gewiß, die Zahlen sind sehr groß. Darauf kommt es aber nicht an. Mir geht es um den grundsätzlichen Wandel im Denken, daß wir den Kosmos nicht nur hinsichtlich seiner räumlichen, sondern

[18] Neuere Schätzungen sprechen sogar von 20 Milliarden Jahren.

auch hinsichtlich seiner zeitlichen Ausdehnung als endlich betrachten — im Gegensatz zum Denken der Neuzeit, das nirgendwo Grenzen sah, und zwar im Grunde nur deshalb, weil es keine Grenzen dulden wollte. Denn bewiesen worden ist es von der Physik oder der Astronomie niemals, daß das Weltall nach Raum oder Zeit unendlich sei.

Auch die Materie wird ontologisch ganz anders verstanden als früher. Wir haben heute eine grundsätzlich andere Vorstellung vom Wesen der Materie, und da dieser Wandel wohl am bedeutsamsten ist, darf ich darauf noch kurz eingehen, obgleich es nicht einfach ist, das darzustellen. Wie bisher besteht die Materie in bestimmter Weise aus kleinsten Bausteinen, die jedoch kleiner sind als die Atome, von denen die Neuzeit sprach. Denn die Atome werden jetzt noch weiter unterteilt in Atomkern und Elektronenhülle und der Atomkern wiederum zerlegt in Protonen und Neutronen. Man nennt diese kleinsten Teilchen —außer den genannten sind noch weitere bekannt — die Elementarteilchen. Alle Materie ist in bestimmter Weise aus diesen kleinsten Einheiten, den Elementarteilchen, zusammengesetzt. Was aber sind jetzt die Elementarteilchen? Im Denken der Neuzeit waren die letzten Bausteine der Materie ebenfalls etwas Materielles, etwas Gegenständliches. Das aber sind sie für uns heute nicht mehr. Was sie sind, läßt sich physikalisch nicht beantworten, da wir nicht ihr Sein, sondern nur ihre Wirkung beobachten können und daher ein *physikalisch gefaßtes*, d. h. experimentelles *Fragen nach dem Sein nicht möglich ist.* Die Frage danach ist keine naturwissenschaftliche Frage. Wir brauchen es für die naturwissenschaftliche Forschung nicht zu wissen, ob, wie und was die letzten Bausteine der Materie eigentlich sind. Es genügt uns, daß sie in Erscheinung treten, daß wir mit ihnen rechnen können, sie beobachten, statistisch messen und daraus die Naturgesetzlichkeit herleiten können. Wir stellen deshalb auch nicht mehr die Frage nach dem Sein der Elementarteilchen, da sie die Naturwissenschaft nicht beantworten kann.

Wenn wir dennoch auf die Frage, wie denn das Sein der Elementarteilchen zu verstehen sei, eine Antwort geben sollen, so sagen wir: Sie sind Energie. Sie sind Wirkungen.

Aber damit setzen wir nur ein Wort für ein anderes, ohne daß wir damit eine Erklärung oder auch nur eine Beschreibung geben könnten. Wir erfassen das, was uns im Innersten der Materie entgegentritt, als wirkendes Geschehen, als Energievorgang. Damit müssen wir uns bescheiden, mehr können wir nicht sagen. Auf diese Weise wird vielleicht deutlich, daß es für die Naturwissenschaft ein objektives Sein nicht mehr gibt, sondern daß dieses Letzte, das bei der Erforschung des Materiellen erkannt werden kann, selbst etwas Abgeleitetes ist. Während wir früher noch unterschieden zwischen primären und sekundären Qualitäten — die primären Qualitäten: Raum, Ausdehnung, Bewegung, und die sekundären Qualitäten: Farbe, Geschmack, Temperatur, Druck und ähnliche Eigenschaften — so müssen wir heute sagen: Es gibt überhaupt keine primären Qualitäten, sondern nur sekundäre. Alles was uns an materiellen Eigenschaften, an materieller »Seinsweise« entgegentritt, hat abgeleiteten Charakter. Ohne — und das ist nun das Entscheidende — daß wir als Naturwissenschaftler Auskunft darüber geben könnten, wo dieses Geschehen eigentlich herkommt. Es hört jede Beobachtungsmöglichkeit auf, über diese Grenze der Erkenntnis kommen wir nicht hinaus. Ein Sein — wenn es vorhanden ist — entzieht sich dem wissenschaftlichen Zugriff.

Materie ist nicht, Materie geschieht. So geben wir der Wandlung in der Vorstellung von der Materie gern Ausdruck. Abgesehen davon also, daß Raum, Zeit, Materie je für sich schon anders gedacht werden müssen, muß nun weiter hinzugefügt werden, daß sie auch nicht voneinander unabhängig existieren, sondern alle drei voneinander abhängen. Raum ist nur dort, wo Materie ist, Zeit ist nur dort, wo Materie ist; wo keine Materie ist, können wir keinen Raum und keine Zeit mehr feststellen. Die Vorstellung vom leeren Raum ist überwunden. Die Vorstellung von einer an sich ablaufenden Zeit muß aufgegeben werden. Naheliegende Fragen, was etwa außerhalb dieses endlichen Raumes und vor dem Beginn bzw. nach dem Ende der Zeit sein mag, sind keine naturwissenschaftlichen Fragen mehr, weil dort nicht mehr beobachtet werden kann. Auch die Frage, wo dies wirkende Geschehen etwa herkomme, ist keine naturwissenschaftliche. Solche Fragen gehören allenfalls in die Naturphilosophie, doch kann diese nur spekulative, d. h. keine allgemein verbindlichen Antworten geben.

Schließlich hat auch die *Naturgesetzlichkeit* nicht den volldeterminierten Charakter, der ihr im Denken der Neuzeit zugeschrieben wurde. Wir mußten von vielen liebgewordenen Denkgewohnheiten Abschied nehmen, an die man als Denknotwendigkeiten geglaubt hatte. Gewiß erscheint in der Makrophysik, im Großen, das Naturgeschehen kausal und determiniert, sonst könnten wir die Technik nicht darauf aufbauen. Aber wir mußten lernen, daß die Naturgesetzlichkeit der Makrophysik nur ein Grenzfall der Naturgesetzlichkeit der Mikrophysik ist, und daß die Gesetze der Mikrophysik statistischer Art, nicht mehr streng determiniert, sondern im letzten indeterminiert sind. Bei den Elementarteilchen muß in einem bestimmten Sinne von einer Variationsbreite der Reaktionsmöglichkeiten — man sollte hier nicht von »Entscheidungsfreiheit« reden — gesprochen werden. Das einzelne Elementarteilchen hat die Möglichkeit, in gleichen Situationen sich verschieden zu verhalten, und wie sie im konkreten Falle reagieren, läßt sich nicht vorausberechnen, auch nicht beeinflussen, sondern muß sozusagen abgewartet werden. Es ist mit einer bestimmten Wahrscheinlichkeit voraussagbar, mehr nicht. Wir sprechen darum heute von einer im Grunde statistischen Naturgesetzlichkeit, von einem Wahrscheinlichkeitscharakter der Naturgesetze der Mikrophysik.

Ein zweites Charakteristikum des modernen Denkens in der Naturwissenschaft ist die Vorstellung von der *Geschichtlichkeit der Natur*. Während im Weltbild der Neuzeit die Natur geschichtslos war, etwas, das unveränderlich aus sich selbst heraus besteht und für alle Zeiten so bestehen bleiben wird, verstehen wir heute die Natur durchaus als etwas Geschichtliches. Nicht nur, daß jeder Organismus, jedes tierische, pflanzliche, menschliche Wesen seine Geschichte hat; das gilt auch für die anorganische Materie, nur mit anderen Zeitmaßstäben. Die Gebirge, die Meere, die Wüsten, alle sind einmal geworden, haben sich gebildet, werden wieder abgetragen oder verlagert, sind einer ständigen Veränderung unterworfen und haben einen einmaligen, unwiederholbaren Ablauf in ihrem Dasein zu verzeichnen. Die Erde als Ganzes ist einmal entstanden. Eine Hypothese nimmt an, daß sie mit den anderen Planeten aus der Sonne herausgerissen worden ist. So ist auch unser Sonnensystem als Ganzes einmal geworden, und auch der Kosmos als Ganzes hat seinen Ursprung gehabt und wird einmal sein Ende finden. Auch hier sprechen wir — das ist im wesentlichen der Inhalt des zweiten Hauptsatzes der Thermodynamik — von einem einmaligen, unwiederholbaren Ablauf des Geschehens. Man stelle sich etwa vor, daß zu einem bestimmten (ersten) Zeitpunkt vor etwa 8 Milliarden Jahren die gesamte Materie, die sich im Kosmos befindet, an einem Orte konzentriert war und durch eine ungeheure Explosion — die vielleicht auf die atomaren Kräfte, die dieser Materiekonzentration innewohnten, zurückzuführen ist — auseinandergesprengt wurde. Von da an (das ist die Theorie von dem sich ausdehnenden Universum) ist das ganze Weltall in ständiger Bewegung und Ausdehnung begriffen, hat einmal seinen Anfang gehabt, sein Werden, sein Reifen, sein Altern, und wird einmal in einem bestimmten Sinne sein Ende finden. Wir wissen allerdings nichts Endgültiges über die Entstehung des Weltalls. Es gibt verschiedene Theorien. Aber alle ernsthaften Theorien, die wir haben, bringen in irgendeiner Weise die Geschichtlichkeit der Natur zum Ausdruck.

Das dritte Kennzeichen unseres heutigen Denkens in der Physik möchte ich umschreiben mit den Worten: *Komplementarität und Nichtobjektivierbarkeit.* Als Komplementarität verstehen wir etwas, das man auch als den Dualismus in der Erscheinungsform der Materie bezeichnet. Genauer nennen wir Komplementarität die sehr merkwürdige Erscheinung, daß ein und demselben Vorgang oder Eigenschaftsträger zwei sich einander ausschließende Eigenschaften (Verhaltensweisen) zugeordnet werden müssen, die erst gemeinsam das Ganze des Vorgangs kennzeichnen. Ich sprach vorhin schon davon, daß Materie etwas Wirkendes ist. Aber diese Wirkungen, die uns entgegentreten, die wir als Letztes beobachten, können sich in entgegengesetzten Erscheinungsformen manifestieren. Einmal als Teilchen, zum andern als Welle. Schon wenn ich vorhin von Elementarteilchen sprach, habe ich mich auf ein bestimmtes Bild der Wirklichkeit um uns beschränkt, das Teilchenbild, weil das das anschaulichere ist. Aber das ist nicht das einzige. Wir müssen stets beachten, daß diese letzten Einheiten der Materie uns in komplementärer Form, als Teilchen und als Welle, entgegentreten können. Natürlich nicht in ein und demselben Experiment, aber in verschiedenen Experimenten. Diese beiden Erscheinungsformen der Materie sind insofern komplementär, als ein Teilchen auf einen bestimmten Punkt im Raume beschränkt ist und nur diskrete Bahnen beschreiben kann, während eine Welle ein Vorgang ist, der zwar von einem Punkt im Raum ausgeht, dann aber den Raum kontinuierlich erfüllt. Beide einander entgegengesetzte, komplementäre Erscheinungsarten der Materie müssen wir zulassen. Ich zeige es am Beispiel des Lichtes.

Das Licht kann sich als Teilchenvorgang manifestieren; es kann aber auch als Wellenvorgang in Erscheinung treten. Jahrhundertelang haben die Physiker sich abgemüht zu erkennen, welche der beiden Vorstellungen vom Wesen des Lichtes die richtige sei. Eine ganz verständliche Frage, aber nur zu verstehen aus dem Denken der Neuzeit heraus, nach dem nur eine von beiden Erscheinungsformen wahr sein konnte. Ein physikalischer Vorgang könne doch nicht sowohl Wellencharakter als auch Korpuskularcharakter haben. Das widerspreche sich doch, meinte man. Vom griechischen, besser humanistischen Denken her, das in erster Linie auf Aristoteles zurückgeht und durch die Scholastik im Abendland ausgebildet und vertieft worden ist, sind wir gewohnt, von einem Eigenschaftsträger zu erwarten, daß er durch seine Eigenschaften eindeutig definiert sein muß. Ein Eigenschaftsträger, an dem entgegengesetzte, komplementäre Eigenschaften zu beobachten sind, hebe sich selbst auf und könne aus diesem Grunde nicht existieren. Und nun haben wir im Licht einen physikalischen Vorgang, einen Eigenschaftsträger, der sowohl Wellen- als auch Korpuskularcharakter besitzen, also entgegengesetzte Eigenschaften aufweisen sollte? Damit konnten die Physiker der Neuzeit nicht fertig werden. Darum suchten sie immer danach, entweder den einen oder den anderen Charakter des Lichtes als den allein gültigen, wahren, objektiven Sachverhalt nachzuweisen. Es ist niemals eine Entscheidung darüber gefallen. Heute müssen wir sagen: Das Licht ist tatsächlich beides zugleich. Derselbe Lichtstrahl, den wir durch eine passende erste Versuchsanordnung hindurchschikken, erweist sich dort etwa als Wellenvorgang; wenn wir ihn dann anschließend wieder sammeln und durch eine passende zweite Versuchsanordnung hindurchgehen lassen, so erweist er sich da als Korpuskularvorgang. Was heißt das? Eine Aussage über das Wesen des Lichtes ist nicht als An-Sich-Aussage, als objektive Aussage möglich, die wir von dem Experiment loslösen können, mit dem wir den Vorgang beobachtet haben! Sondern wir können nur sagen: Das Licht *ist* in dem einen experimentellen Zusammenhang ein Wellenvorgang und *ist* in dem anderen experimentellen Zusammenhang ein Korpuskularvorgang.

Wir dürfen also die Frage nach der Seinsweise, nach dem Wesen eines physikalischen Vorganges nicht trennen von dem Experiment, mit dem die Frage gestellt wird. Relativierung des Seins! Damit ist zugleich deutlich geworden, was wir als die *Nichtobjektivierbarkeit* bezeichnen. Nicht objektivieren können wir die Aussage über das Verhalten der Materie, da wir sie allgemein nicht loslösen dürfen von dem experimentellen Zusammenhang, in dem wir die Beobachtung gemacht haben. Wir können nicht sagen, das Licht ist objektiv das und das. Es ist wohl richtig, daß in dem einen experimentellen Zusammenhang das Licht sich objektiv als Wellenvorgang erwiesen hat. Und ebenso objektiv war in dem anderen experimentellen Zusammenhang das Licht eine Korpuskularerscheinung. Beide Male handelt es sich um klare, objektive Sachverhalte; aber die Aussage darüber darf nicht von dem Beobachtungszusammenhang abgetrennt werden. Das ist es, was wir als Nichtobjektivierbarkeit bezeichnen. Und hiermit trennen wir uns ganz bewußt von einem Manne, der für das neuzeitliche Denken führend gewesen ist, nämlich von Descartes. Durch Descartes ist die sogenannte Descartes'sche Spaltung des

Seins zu einer Kategorie des abendländischen Denkens geworden, die Spaltung in eine res cogitans und eine res extensa, in ein denkendes Subjekt und eine vor ihm ausgebreitete objektive Wirklichkeit, die Subjekt-Objekt-Spaltung; so als ob die Natur, die Wirklichkeit um uns als etwas Objektives vom Menschen beobachtet werden könnte, ohne daß das beobachtende Subjekt selber in diesen Zusammenhängen eine Rolle spielt. Diese Descartes'sche Spaltung ist im Bereich der Mikrophysik undurchführbar.

Hier liegt *der entscheidende Punkt* in der Neuheit unseres Denkens. Hier liegt deshalb auch die Schwierigkeit für viele heutige Physiker, die die Descartes'sche Spaltung nicht aufgeben wollen, die daran festhalten, es müßte einen objektivierbaren Seinszusammenhang auch in der Mikrophysik geben. Die Komplementarität beruhe lediglich auf mangelhafter Erkenntnis, entspreche dem heutigen Stand der Wissenschaft, aber in absehbarer Zeit werde auch diese Diskrepanz überwunden sein. Dem setzt das neue Denken ein Nein gegenüber: Hier handelt es sich nicht um ein anthropologisches Manko, um etwas, das durch den gegenwärtigen Stand unserer Erkenntnis oder des menschlichen Erkenntnisvermögens bedingt ist, sondern hier handelt es sich um die grundsätzliche Erscheinungsart der Natur, die sich uns anders offenbart als wir gedacht haben. Die Natur muß als etwas Komplementäres und Nichtobjektivierbares verstanden werden. Wir sprechen hier gern vom Entscheidungscharakter naturwissenschaftlicher Erkenntnis, d. h. eine Entscheidung darüber, ob die eine oder die andere Richtung die rechte Erkenntnis hat, kann nicht mehr durch rationale Argumente getroffen werden; es muß tatsächlich eine persönliche Entscheidung für die eine oder die andere Richtung erfolgen. Das neue Denken, das jetzt entwikkelt wurde, läßt sich nicht mehr vom alten Denken, vom Denken der Neuzeit her begründen, sonst wäre es kein neues Denken, sondern wird durch einen Entschluß einiger Wissenschaftler angenommen und setzt sich dann durch.

Das vierte Kennzeichen, das ich Ihnen als charakteristisch für unser neues Denken nennen möchte, ist *die Abkehr vom grammatikalischen Denken*. Wir haben statt dessen ein funktionelles Denken annehmen müssen. Dieser Übergang ist im wesentlichen schon in den vorangegangenen Punkten ausgeführt worden. Doch soll der Sachverhalt auch von diesem neuen Stichwort her deutlich gemacht werden. Grammatikalisch heißt ein Denken, das jedem Prädikat notwendig ein Objekt oder Subjekt zuordnet, das diesem Prädikat zukommt. Wenn z. B. das Wort »schwingen« gesagt wird, so wird jeder, der das neue Denken noch nicht angenommen hat, unwillkürlich damit ein Medium verbinden, das schwingt, ein Objekt also, dem das Prädikat »schwingen« zukommt, oder ein Subjekt, d. h. eine Ursache, die für dieses Schwingen verantwortlich ist. Die wenigsten Menschen werden sich Schwingungen denken können, ohne damit ein Medium zu assoziieren, das schwingt, oder eine Ursache, die das Schwingen hervorruft. Wir müssen aber solche Prädikate als Ausdruck für ein *funktionelles* Geschehen verstehen lernen und nicht notwendig mehr in dem alten grammatikalischen Sinne verwenden. Wenn wir in der Mikrophysik von Schwingungen sprechen, so denken wir weder notwendig an ein Medium, das schwingt, noch an eine Ursache, die die Schwingung hervorruft. Gewiß, bei den Schallwellen ist die Luft der Träger des Schwingungsvorganges, bei den Wasserwellen das Wasser. Aber bei der elektromagnetischen Strahlung dürfen wir uns kein Medium mehr denken, das schwingt. Und da wir, wie ich vorhin schon sagte, jede Materie als Energievorgang verstehen und Energie etwa als Schwingung gedacht werden darf, so dürfen wir uns — ich nehme jetzt den Wellenaspekt der Wirklichkeit — Materie auch stets als Schwingungsvorgang denken, bei dem nichts Materielles im alten Sinn da ist, das schwingt. Damit wird jene Vorstellung des Mittelalters beiseite gedrängt, die in dem Satze gipfelte: »operari sequitur esse«, d. h. das Handeln folgt dem Sein. Erst müsse etwas da sein, damit an diesem Sein etwas geschehen könne. Das entspricht genau dem grammatikalischen Denken, das in der Mikrophysik nicht angebracht ist.

Ein anderes Beispiel: Wenn ich das Wort Vordergrund nenne, wird jeder — wiederum soweit er das neue Denken noch nicht angenommen hat — unwillkürlich dazu einen Hintergrund oder einen Untergrund assoziieren. Auch das darf nicht geschehen. Wir haben heute von der Wirklichkeit einen vordergründigen Aspekt — wie ich es vorhin deutlich zu machen suchte — ohne daß wir dabei an einen Hintergrund oder Untergrund denken dürfen. Wenn ich davon sprach, daß die Materie uns als wirkendes Geschehen entgegentritt, also als etwas Abgeleitetes, Vordergründiges, so müssen wir auch dieses Abgeleitete funktionell denken können, d. h. ohne danach zu fragen, ob und woher es bewirkt wird, ohne als Denknotwendigkeit zu postulieren, daß dieses Abgeleitete notwendig etwas voraussetze, von dem es ableitbar sei. Ein weiteres Beispiel aus der aristotelischen Logik ist das sogenannte »tertium non datur«, d. h. ein Drittes gibt es nicht. Entweder ist ein Sachverhalt so oder er ist nicht so. Dieses als notwendig empfundene »tertium non datur« hatte zur Folge gehabt, daß die Physiker jahrhundertelang immer wieder bei der Frage nach dem Wesen des Lichts sagten: Entweder ist es ein Wellenvorgang oder es ist ein Korpuskularvorgang, aber doch nicht beides zugleich. Es kann nur das eine sein oder das andere, tertium non datur. Wir dagegen müssen heute zugeben: Es *ist* das eine, und es *ist* das andere. Wir kommen also mit dem tertium non datur von Aristoteles nicht mehr durch. Wir müssen statt des Entweder-Oder das Sowohl-als-auch zulassen, in dem bestimmten Sinn — im Zusammenhang mit einem konkreten Experiment — wie ich es am Beispiel des Lichts auseinandersetzte. Mit anderen Worten: Wie wir uns für die Nichtobjektivierbarkeit von Descartes absetzen müssen, müssen wir uns für die funktionelle Denkweise von Aristoteles und von der Scholastik absetzen. Die philosophischen Grundprinzipien des Satzes vom Widerspruch, des Satzes vom zureichenden Grunde und des Satzes vom ausgeschlossenen Dritten sind in der Mikrophysik nicht anwendbar.

Alles das bezieht sich jedoch, wie eben betont, nur auf die Mikrophysik. Ich will weder Descartes zu nahe treten noch Aristoteles noch unserer humanistischen Bildung. Wir müssen uns nur darüber im klaren sein, daß dieses Denken in dem Bereich, den wir heute vorwiegend zu erforschen haben, nicht angreift. Es bleibt gültig und anwendbar in der Makrophysik.

Aber wir müssen die Grenzen sehen, in denen dieses Denken geübt werden darf, das von Descartes und Aristoteles und andern, auch Kant, entwickelt worden ist. Exakte Naturwissenschaftler der Gegenwart mußten ein neues Denken entwickeln und haben es getan.

III.

Ich fasse das alles in einem Satze zusammen, der auf Pascual Jordan zurückgeht und eine ausgezeichnete Formulierung für diesen Sachverhalt gibt, die sogenannte *doppelte Verneinung:* Die Ergebnisse der modernen Physik verneinen das Weltbild der Neuzeit, das seinerseits Gott verneint hat. Ich brauche nicht zu zeigen, wie das neuzeitliche Denken und das neuzeitliche Weltbild tatsächlich für Gott als den Lebendigen, Persönlichen, Wirkenden keinen Platz mehr hatte. Es verneinte ihn auf der ganzen Linie. Und heute können wir als wissenschaftliche Feststellung sagen: Die Ergebnisse der modernen Physik verneinen dieses Weltbild der Neuzeit. Mit diesem Satz von der doppelten Verneinung haben wir die heutige Situation höchst plastisch gekennzeichnet, ohne damit mehr zu sagen, als auch ein vorurteilsfreier Atheist zugeben muß, der die heutige Naturwissenschaft kennt und versteht.

Wir haben von daher eine ganz neue Freiheit der Entscheidung zurückgewonnen: Nämlich, ob wir aus diesem doppelten Nein, das die Naturwissenschaft heute dem nach Gott fragenden Menschen bieten kann, ein Ja machen zu Gott — aber nun nicht zu irgendeinem Gott, nicht zu einem philosophischen Gottesbegriff, zu einer Idee —, sondern wirklich zu dem persönlichen, lebendigen, in Natur und Geschichte handelnd eingreifenden Gott, den die Bibel uns bezeugt. Oder ob wir bei unserem Nein bleiben oder vorsichtigerweise bei einer Neutralität, die sich weder für das eine noch für das andere entscheidet. Jedenfalls haben wir von seiten der Naturwissenschaft heute kein Gegenargument, keinen Hinderungsgrund mehr, uns zu einem solchen Ja zu Gott zu entscheiden.

Ich möchte es noch anders ausdrücken: Während im Weltbild der Neuzeit der Unglaube, d. h. das Nichtglauben an den persönlichen Gott, der in Jesus Christus Mensch geworden ist, durch die gesamten Ergebnisse der Naturwissenschaft begründet war, ist heute auch er nur eine freie Glaubensentscheidung, wie es der christliche Glaube stets gewesen ist und bleiben wird. Noch anders ausgedrückt: Der christliche Glaube ist ein Wagnis und bleibt es unverändert bei dem heutigen modernen Denken der Physik. Aber der Unglaube ist heute genauso ein Wagnis, und man sollte sich das Risiko überlegen, ob man dem Gott der Bibel gegenüber seinen Unglauben aufrecht erhalten will. Hier sind wir nun wirklich existentiell gefragt: »Ich habe euch vorgelegt Leben und Tod, Segen und Fluch, auf daß du das Leben erwählest.« Darum geht es. Und die Naturwissenschaft kann in dieser Entscheidung für Glauben oder Unglauben keine Stütze mehr geben. Weder gegen noch für den Glauben. Das ist die neue Situation, die durch die Wandlung im Denken auf Grund der Ergebnisse der modernen Physik für den Menschen von heute besteht.

Wenn Sie mich jetzt fragen, wie ich mich entschieden habe, so kann ich nur bekennen: Ich habe aus dem doppelten Nein *mein Ja zu Gott* gemacht. Und ich will Ihnen von da aus noch kurz skizzieren, wie mein Weltbild als das eines glaubenden Naturwissenschaftlers aussieht. Denn das ist das Merkwürdige: Die Naturwissenschaft gibt heute kein Weltbild mehr, Weltbild im Sinne einer erklärenden Weltanschauung verstanden. Die neuzeitliche Naturwissenschaft hatte sich noch angemaßt, ein solches Weltbild zu liefern. Sie glaubte tatsächlich, das Ganze der Wirklichkeit erfassen und auf jede Frage, die ein Mensch haben mag, eine Antwort geben zu können. So anmaßend sind wir Naturwissenschaftler von heute nicht mehr. Wir sind es in anderem Sinne, wie ich eingangs sagte; wir meinen, daß unser neues Denken beispielhaft werden wird für die gesamte wissenschaftliche Denkweise. Aber wir haben nicht mehr das Bewußtsein, daß das, was wir heute als Bild der Natur erkannt haben, das Ganze der Wirklichkeit erschöpft. Wir geben dem fragenden Menschen nur ein Naturbild, nicht mehr ein

Weltbild. Aber dieses Naturbild, das wir haben, hat die merkwürdige Eigenschaft, daß es mehr oder weniger in jedes Weltbild hineinpaßt, das ein Mensch sich entwickeln mag. Es läßt sich zu »je meinem« Weltbild ergänzen.

Der *Schritt vom Naturbild zum Weltbild* ist also in eine persönliche Entscheidung des Menschen zurückverlegt, der ein Weltbild haben möchte. Wir können das Naturbild von heute etwa in das Weltbild des Atheismus und des Nihilismus einbetten. Dann lassen sich die vorhin aufgeworfenen Fragen so beantworten: Außerhalb dieses endlichen Raumes ist nichts und vor dem Zeitanfang war nichts und nach dem Zeitende wird nichts sein, und die Wirkungen, die wir beobachten können, von denen wir aber nicht mehr feststellen können, wo sie eigentlich herrühren, kommen aus dem Nichts. Unser ganzer Kosmos ruht im Nichts, über einem Abgrund, gerade wie es die Existenzphilosophie von heute darstellt. Wir sind hineingeworfen in das Da, gehalten über einen Abgrund, und einen Sinn gibt es im Naturgeschehen nicht. Wenn ein Mensch durchaus darauf bestehen bleiben will, daß er für sich persönlich einen Sinn seines Lebens finde, dann kann er ihn bestenfalls in der Haltung erkennen, mit der er dem Tode, d. h. dem Nichts entgegengeht, aus dem er gekommen ist. Eine erstaunlich abgerundete Weltanschauung des Nihilismus, und unser Naturbild paßt wie nach Maß gemacht hinein.

Ich kann aber dasselbe Naturbild auch einbetten in die Aussagen des christlichen Glaubens. Dann tritt an die Stelle des Nichts das Unsichtbare, die unsichtbare Wirklichkeit, von der ich als natürlicher Mensch nichts erkennen kann. Meinem Verstande, der wissenschaftlichen Methodik, dem Experiment und der Beobachtung bleibt diese unsichtbare Wirklichkeit verschlossen. Ich weiß nur auf Grund des Zeugnisses der Bibel, daß sie ist. Die einzige Frage für mich als Naturwissenschaftler, der an die unsichtbare Wirklichkeit glaubt, ist lediglich die: Wie gehören die beiden Wirklichkeiten zusammen? Das Mittelalter hatte es sich sehr einfach gemacht und gesagt: Soweit das Auge reicht, ist sichtbare Wirklichkeit, darüber fängt der Himmel an, d. h. die unsichtbare Wirklichkeit Gottes. So naiv ist es für uns natürlich nicht möglich.

Wenn ich als Mathematiker, der in abstrakten Räumen zu denken gewohnt ist, auf Grund des gewandelten Denkens ein *Weltbild des christlichen Glaubens* entwickeln soll, so komme ich zu folgendem Ergebnis, das ich Ihnen jedoch nicht mehr als wissenschaftliche Erkenntnis, sondern nur als persönliches Bekenntnis sagen kann:

Diese beiden Wirklichkeiten, die sichtbare und die unsichtbare, liegen so zueinander, daß sie sich gegenseitig durchdringen. Nicht übereinander oder umeinander, sondern *ineinander*; das Sichtbare ist erfüllt vom Unsichtbaren. Dabei verstehe ich unter »sichtbar« alles das, was der Mensch von sich aus mit den ihm gegebenen und von ihm entwickelten Fähigkeiten und Hilfsmitteln jemals durchdringen und erreichen kann. Dazu gehören auch weithin die Bereiche der Psychologie, der Tiefenpsychologie, der Parapsychologie, der Mystik. Das »Unsichtbare« dagegen ist das, was der Mensch nicht von sich aus erreichen kann, auch nicht in strebendem Bemühen, sondern was ihm nur von dorther erschlossen, geschenkt werden kann. Als Menschen leben wir ständig in beiden Wirklichkeiten zugleich, hundertprozentig in der einen und hundertprozentig in der anderen. Auch hier handelt es sich nicht um ein Entweder-Oder, sondern um ein Sowohl-als-auch, um eine Denkkategorie, die nicht mehr mit dem aristotelischen Denken zu vollziehen ist.

Als natürlicher Mensch weiß ich von der unsichtbaren Wirklichkeit nichts. Da nehme ich nur die sichtbare wahr, die ich mit meinem Verstande und meinen Sinnen erfassen und durchdringen kann, und meine, sie wäre das Ganze der Wirklichkeit. Nur Gott kann es einem Menschen schenken, daß die unsichtbare Wirklichkeit für ihn ebenso real wird wie die sichtbare. Gesetzt den Fall, das ist geschehen — ich kann es nicht bewirken, kann Sie nicht zum Glauben an die unsichtbare Wirklichkeit bringen; ich kann Ihnen nur sagen, wie Sie, wenn Sie den Glauben daran haben, beide miteinander vereinbaren können — dann läßt sich von daher vieles klarlegen, das für das Denken allein, d. h. für die unerleuchtete Vernunft, immer wieder Schwierigkeiten bereitet. Gewissermaßen als ein Gegenstück zu der doppelten Verneinung, von der ich vorhin sprach, geht es jetzt um eine *doppelte Bejahung*, indem ich die sichtbare sowohl wie die unsichtbare Wirklichkeit bejahe. Aber nun nicht etwa in der Gespaltenheit und Zweigleisigkeit, die das abendländische Denken in der Neuzeit angenommen hatte, soweit es noch am christlichen Glauben festhalten wollte, sondern in dem eben skizzierten komplementären Zugleich. Ich bejahe als Naturwissenschaftler die unsichtbare *und* die sichtbare Wirklichkeit, und ich bejahe als glaubender Mensch die sichtbare *und* die unsichtbare Wirklichkeit. Nicht die eine als Naturwissenschaftler und die andere als Christ, sondern beide Wirklichkeiten in vollem Umfange als Mensch, der eine Ganzheit ist und sich nicht in einen Alltagsmenschen und einen Sonntagschristen aufspalten läßt.

IV.

Lassen Sie mich zum Abschluß an einigen Punkten, die auch für den Mediziner von Interesse sein dürften, die Bedeutung aufzeigen, die die Wandlung im Denken der Naturwissenschaft und die von daher im Glauben mögliche doppelte Bejahung für Fragen des menschlichen Lebens haben kann. Denken wir zunächst an unseren Organismus. Er ist Materie, besteht aus Zellen, die Zellen aus Molekülen, die Moleküle aus Atomen, die Atome aus Elementarteilchen. Er ist also, wie ich es vorhin auseinanderzusetzen versuchte, in seinen letzten Einheiten selbst nichts Materielles mehr, sondern wirkendes Geschehen, ohne daß erkennbar ist, woher dies Geschehen seinen Ursprung nimmt. Legt man für die Beschreibung der Wirklichkeit statt des Teilchenbildes das Wellenbild zugrunde, so darf man den Kosmos in seiner ganzen Ausdehnung als ein riesiges Schwingungsfeld, als elektromagnetisches oder von der Gravitation oder von diesen Energien gemeinsam erzeugtes Kraftfeld verstehen.

Ein solches Kraftfeld ist da, ist gesetzt, unbekannt, woher oder durch wen. In diesem großen Schwingungsfeld — wie gesagt, wenn ich von einem solchen spreche, so denken Sie bitte nicht einen materiellen Träger oder eine Ursache der Schwingungen dazu, sondern nur die Schwingungen als solche — entstehen durch Einflüsse, die wir nicht kontrollieren können, Energieballungen. Diese — man könnte sie Elementarteilchen nennen — verhalten sich nicht statisch, sondern sind örtlich schnell veränderlich. Sie kreisen mit großer Geschwindigkeit um andere Energieballungen, die Kerne, konstituieren so die Atome. Atome setzen sich zu Molekülen zusammen, die Moleküle zu Zellen. Und damit ist über das materielle das organismische Etwas da, von dem wir sprechen wollen. Denken wir wieder an uns selbst, an unseren Organismus, so wird uns — vielleicht mit Erschrecken — deutlich, wie wir mit unseren letzten Einheiten diesem Schwingungsfeld verhaftet sind. Mehr kann ich als Naturwissenschaftler nicht aussagen, da ich als solcher über die Herkunft der Schwingungen nichts feststellen kann.

Jetzt spreche ich zu Ihnen zugleich als gläubiger Christ: Gott, der Schöpfer von Himmel und Erde, hat das Schwingungsfeld gesetzt. Er tat es durch sein Wort, als er sprach: Es werde Licht! Was ist Licht? Elektromagnetische Strahlung! So kann ich also als Naturwissenschaftler die große Tat Gottes in der Schöpfung bekennen, indem ich sage: Gott hat durch sein Wort das Schwingungsfeld gesetzt, von dem wir als Naturwissenschaftler nicht mehr feststellen können, woher es kommt. In gläubiger Nüchternheit gesprochen, ist das wirkende Geschehen, das wir als Letztes naturwissenschaftlich beobachten können, Manifestation von Gottes Wort als sichtbare Wirklichkeit. Sein Wort ist es, wie mir die Bibel bezeugt, das alles schafft, und sein Wort ist etwas, das geschieht. Wie sprechen die Propheten? Es geschah das Wort des Herrn zu mir — so sagt Elia, sagt Hesekiel, sagt Jeremia. Oder sie beginnen ihre prophetische Rede mit dem Satz: Dies ist das Wort des Herrn, das ich geschaut habe. Wirklich merkwürdigee Ausdrucksweisen über die Manifestation des Wortes Gottes in dieser Wirklichkeit!

Und nun nehmen Sie beides zusammen! Einmal: Materie ist nicht, Materie geschieht — als naturwissenschaftliche Erkenntnis über das innerste Wesen der Materie. Zum andern das biblische Zeugnis: Gottes Wort ist etwas, das geschieht. Gottes Wort ist es, das alles schafft. Wie er spricht, so geschieht's, wie er gebietet, so steht's da! Dann darf man, wenn man beide Wirklichkeiten bejaht, im Glauben die ungeheuer kühne Aussage wagen: Gott spricht, und sein Wort hat die für uns unbegreifbare Fähigkeit, sich in dieser sichtbaren Wirklichkeit als Energie, als Elementarteilchen, als Schwingung zu manifestieren. Man muß sogar sagen: Nur dort, wo das geschieht, ist Materie und damit Raum und Zeit, Kosmos, Naturgesetz, Schöpfung. Gott hat einst durch sein Wort in die ewig bestehende, unsichtbare Wirklichkeit das hineingesetzt, dem Raum, Zeit und Materie zukommt und das aus seinen Gesetztsein auch seine Gesetzlichkeit hat — die sichtbare Wirklichkeit. Auf die unsichtbare dürfen wir die Begriffe Raum, Zeit, Materie nicht anwenden, weil sie dort nicht zutreffen. Statt Raum sagt die Bibel Himmel, statt Zeit sagt sie Ewigkeit, statt Materie Geist. Jede materiell-zeitlich-räumliche Vorstellung, die wir uns vom Himmel, von der Ewigkeit, von der unsichtbaren Wirklichkeit machen, ist falsch, führt uns in den Irrtum.

Wer nun davon weiß, daß er mit seinen Elementarteilchen an jenem riesigen Schwingungsfeld teilhat und daß das Schwingungsfeld von Gott durch sein Wort als ständig wirkendes Geschehen gehalten wird, der versteht das Wort Luthers aus dem Katechismus neu: »..., der mich geschaffen hat *und noch erhält*«. Der weiß: Solange Gott will, daß ich bin, *bin* ich durch ihn. Wenn er will, daß ich nicht mehr bin, ruft er mich zurück. Man denke etwa an Psalm 90, Vers 3: »Der du die Menschen lässest sterben und sprichst: Kehrt wieder, Menschenkinder!« Von hier aus lassen sich auch Antworten geben auf die Fragen: Was ist eigentlich Leben? Was ist eigentlich Tod? Leben ist ein Strukturzusammenhang, eine Systemeigenschaft, die sich spontan einstellt, wenn es gelingt, Elementarteilchen zu einer bestimmten, sehr komplizierten Struktur von Makromolekülen zu vereinigen. Ich halte es nicht für ausgeschlossen, daß es einmal möglich sein wird, synthetisch im Laboratorium etwas Lebendiges herzustellen. Was ist dann Tod? Nichts anderes als die Auflösung dieses Strukturzusammenhanges. Das Gesetztsein wie die Auflösung eines solchen Zusammenhanges, Leben oder Tod, geschieht durch ein Wort Gottes. Erscheint auf diesem Hintergrund die Auferweckung des toten Lazarus noch naturwissenschaftlich unmöglich? Das Wunderbare daran ist doch lediglich die Tatsache, daß es geschieht. Und das wurde, wie der Bericht uns sagt' (Joh. 11, 41, 42), durch ein Gebet Jesu herbeigeführt. Gott hat es durch sein Wort bewirkt, daß sich die Elementarteilchen des verwesenden Lazarus wieder zu lebendigen Strukturen zusammensetzten.

Worin besteht das Wesen des Menschen? Viele Wissenschaften versuchen, den Menschen in irgendeiner Weise vom Tier abzugrenzen, aber jeder solche Versuch ist zum Scheitern verurteilt. Der Mensch kann, da er in beiden Wirklichkeiten zugleich steht, nicht nur aus der sichtbaren heraus verstanden werden, in der allein die wissenschaftliche Denkweise angreifen kann, d. h. es gibt keine wissenschaftliche Definition vom Menschen. Der Mensch ist zwar geworden als kreatürliches Wesen und hat als solches seine Entwicklung gehabt; das kann kein Wissenschaftler, auch kein Theologe heute mehr leugnen. Damit sage ich nicht, daß der Mensch vom Affen oder letzten Endes von der Amöbe abstammt. Ich bin überzeugt, daß er eine eigenständige Entwicklung als Art gehabt hat.

Aber dieses Werden des Menschen ist nur die eine Sicht seines Wesens, in der sichtbaren Wirklichkeit, in der es eine Zeit gibt. Wer um die doppelte Wirklichkeit weiß, von der ich vorhin sprach, muß beachten, daß damit jedem Vorgang eine doppelte Deutungsmöglichkeit zukommt: Einmal in der sichtbaren Wirklichkeit als ein Ablauf in der Zeit und zum andern als ein zeitloser Akt, ein Gesetztsein von Gott her in der unsichtbaren Wirklichkeit. So ist insbesondere auch der Mensch geworden *und* geschaffen, d. h. neben der Entwicklung als zeitlichem Prozeß in der sichtbaren Wirklichkeit steht zugleich die andere Sicht des Geschaffenseins in der unsichtbaren Wirklichkeit. Der Mensch ist von der sichtbaren her nur kreatürlich zu erkennen, als Organismus, als biologisches Phänomen mit Leben, Krankheit und Tod. Beschränkt man sich aber allein darauf, wie es auch die Medizin lange Zeit getan hat, so unterscheidet sich der Mensch höchstens graduell von den übrigen höheren Säugetieren.

Voll verstehen kann ich den Menschen erst, wenn ich ihn in seiner Bezogenheit auf Gott hin sehe. Wieder ein Beispiel für funktionelles Denken! Dann kann man etwa so definieren: Der Mensch ist dasjenige Lebewesen, dem Gott sich offenbart hat, das Gott durch seinen Anruf zu einem echten Gegenüber gemacht hat, zu einem Partner, dem Gott Aufträge gibt. So ist der Mensch dadurch allein vom Tier unterschieden, daß er ein Organ in sich trägt, das auf das Hören des Wortes Gottes, auf die Erkenntnis der Weisheit Gottes hin angelegt ist, daß er antworten, beten kann. Für ihn gibt es nicht nur das »Du mußt«, das für die gesamte Kreatur gilt, sondern auch ein »Du sollst!« Er besitzt von Gott her volle Freiheit des Entschlusses, sich für Gott oder gegen Gott entscheiden zu können. Alle diese Aussagen sind ohne die Relation zu Gott gar nicht möglich, sind aber nur Ausdruck für das Wesen des Menschen in der unsichtbaren Wirklichkeit. Und erst damit erkennen wir den Menschen wirklich als Menschen.

Bei allen Erkrankungen, gleichgültig, ob man an Zellularpathologie oder Organpathologie oder Neurosen denkt, geht es in den Zellen, Organen, Nervenfasern letzten Endes um Elementarteilchen. Diese sind, wie wir gehört haben, nichts Materielles mehr, sondern Wirkungen, die auf ein Wort Gottes zurückgehen — was ich allerdings nur wissen kann, wenn ich den Glauben an den persönlichen, lebendigen, handelnden Gott der Bibel besitze. Wenn also z. B. eine spontane, sogenannte Wunderheilung eintritt — und ich meine, mancher Arzt könnte von solchen berichten, — wenn also etwa ein krankes Zellgewebe durch ein neues ersetzt wird, so geschieht nichts anderes, als daß durch ein Wort Gottes die Elementarteilchen der erkrankten Zellen zurückgerufen und zugleich neue dafür gesetzt werden. Ebenso besteht jedes Medikament aus Elementarteilchen. Jede Therapie stützt sich auf physikalische oder chemische Prozesse, also auch wieder auf Elementarteilchen. Was wir beobachten und wo wir eingreifen können, ist allein der Ablauf in der sichtbaren Wirklichkeit. Was wir nicht sehen, aber glauben können, ist, daß dieser Ablauf zugleich ein Handeln Gottes in der unsichtbaren Wirklichkeit darstellt.

Von hier aus lassen sich viele Alternativen, die wir mit dem uns so gewohnten Denken im Entweder-Oder als sinnvoll betrachten, als unecht erkennen. Etwa die Frage, ob man eine Krankenheilung durch Therapie oder durch Gebet herbeiführen soll. Wer die Zusammenhänge kennt, weiß, daß die Antwort nur lauten kann: Therapie *und* Gebet. Entsprechendes gilt auch bei psychischen Erkrankungen, bei denen man häufig vor der Alternative »Arzt oder Seelsorger« steht. Auch hier ist im allgemeinen wieder nicht nur der eine oder der andere richtig am Platze, sondern beide sind nötig, der Arzt *und* der Seelsorger. Wenn ein Arzt auch Seelsorger ist oder ein Seelsorger zugleich ärztliche Kenntnisse hat, so sind beide Helfer in *einer* Person vorhanden, eine wunderbare, aber wohl nur seltene Kombination. Sonst sollte der Arzt, der in bestimmten Fällen nicht allein helfen kann, einen Seelsorger heranziehen oder der Seelsorger umgekehrt einen Arzt. Auf keinen Fall sollte ein Arzt, der nicht die Gabe für eine geistliche Seelsorge besitzt, weltliche Seelsorge treiben, wie es in der Psychotherapie weithin geschieht. Das ist eine mindestens ebenso gefährliche Kurpfuscherei, wie wenn ein Seelsorger ohne entsprechende Ausbildung eine ärztliche Behandlung vornimmt. Eine Psychotherapie kann durchaus segensreich wirken, wenn Schuld nicht zu Schuldgefühlen verharmlost, sondern richtig als Schuld vor Gott verstanden wird und von daher klar ist, daß ein Kranker erst dann Heilung gefunden hat, wenn seine Schuld vor Gott bereinigt ist. Psychotherapie kann aber großes Unheil bringen, wenn man meint, allein durch Auflösung von Komplexen, Integration von Verdrängungen, Abreagieren von Schuldgefühlen eine Heilung herbeiführen zu können.

In diesem Zusammenhang noch ein klärendes Wort zu der in der Psychosomatik häufig erörterten Frage, ob jede Krankheit Sünde zur Ursache habe. Auch hier geht es letzten Endes wieder um eine unechte Alternative, nämlich: Krankheit oder Sünde. Ohne mich — was eigentlich erforderlich wäre — auf eine Klarstellung dieser beiden Begriffe einzulassen, gebe ich meine Antwort dahin, daß sie synonym sind. Ein und derselbe Zustand eines Menschen ist Krankheit in der sichtbaren und Sünde in der unsichtbaren Wirklichkeit. In diesem weitesten Sinne ist jeder Mensch krank, wie jeder Mensch Sünder vor Gott ist. Vergänglichkeit, Krankheit und Tod sind Zeichen allein der verlorenen, weil von Gott abgefallenen Welt. Wenn aber Krankheit und Sünde ein und denselben Zustand bezeichnen, nur in verschiedenen Wirklichkeiten gedeutet, so ist es sinnlos, nach einem Kausalzusammenhang zwischen Krankheit und Sünde zu suchen. Es handelt sich um eine unechte Fragestellung wie so oft, wenn man Begriffe, die verschiedenen Wirklichkeiten angehören, nur in einer von ihnen einander gegenüberstellt.

Ähnlich liegt es bei einem Beispiel, das ich von Hans Schomerus übernehme. In einer Vortragsreihe[19] beschreibt er den Zweifel einmal als Irrtum, zum andern als Schuld. Ich will, was Schomerus dort ausgeführt hat, auch von meiner Sicht her deuten. Es hat mich überrascht zu sehen, wie auch er von der doppelten Bejahung der beiden Wirklichkeiten her urteilt. Zweifel kann einmal auf mangelnder Erkenntnis beruhen. Weil ich noch nicht genügend weiß, zweifle ich an der Richtigkeit einer Aussage, muß mitunter zugeben, daß ich mich irren kann. Dabei darf ich aber die Hoffnung haben, daß dieser Irrtum einmal korrigiert werden, daß fortschreitende Erkenntnis die Unklarheit und damit den Irrtum und den Zweifel beseitigen wird. In diesem Falle liegt der Zweifel in der Ebene der rationalen Wirklichkeitsbemächtigung (Begriff von Schomerus), d. h. in der sichtbaren Wirklichkeit, und wird nur von ihr her verstanden. So werden Sie vielleicht manches an meinen Ausführungen bezweifeln, wenn oder soweit Sie nur von der sichtbaren Wirklichkeit her urteilen. Auf der anderen Seite kann Zweifel statt auf mangelnder Erkenntnis auf mangelndem Zutrauen beruhen, auf mangelndem Vertrauen zur unsichtbaren Wirklichkeit und damit zu Gott. Dann führt der Zweifel nicht zum Irrtum, sondern zur Schuld. Denn es ist im eigentlichen Sinne Untreue, wenn ich Gott nicht traue. Dieser Zweifel läßt sich nicht mehr durch menschliches Tun oder fortschreitende Erkenntnis korrigieren; dieser Zwei-

[19] Vgl. Das Bild der Welt in christlicher Schau, Steinkopf Verlag, Stuttgart 1949.

fel kann als Schuld nur von Gott vergeben werden. Sie sehen also, ein und derselbe Begriff des Zweifels ist einmal, verstanden in der sichtbaren Wirklichkeit, Folge mangelnder Erkenntnis, also Unsicherheit, Unklarheit, Irrtum und, wenn auch zuweilen nur unter großen Opfern, vom Menschen her korrigierbar — zum andern, in der unsichtbaren Wirklichkeit, Folge mangelnden Vertrauens, also Untreue, Ungehorsam, Schuld und damit Sünde, vom Menschen her nicht mehr korrigierbar, sondern nur von Gott her durch Vergebung der Sünde. Damit bin ich an dem Punkte, wo ich — als letztes Beispiel — die Bedeutung des neuen Denkens für das Herzstück unseres christlichen Glaubens darlegen kann.

Komplementarität und Nichtobjektivierbarkeit sind auch bei den Aussagen über Gott zu beachten. Abgesehen von dem einen Selbstzeugnis Gottes — Ich bin, der ich bin — haben wir in der Bibel keine An-sich-Aussagen über Gott, sondern nur aussagen über Hinwendungen Gottes zur Welt, zur Menschheit, zu Völkern, zum Einzelnen. Diese Aussagen sind komplementär, etwa der sich offenbarende und doch verborgene Gott, der zornige und der gnädige Gott, der gerechte und der barmherzige Gott, der heilige, unnahbare und der sich erniedrigende, Menschen suchende Gott. Wenn man, was wir Menschen meist tun, jede dieser Aussagen objektiviert als An-sich-Aussage nimmt, macht man Gott zu einer res extensa und gerät als res cogitans rettungslos in Widersprüche. Wie bei der Komplementarität der Materie sind diese Widersprüche nur durch Beachtung der Nichtobjektivierbarkeit der Aussagen zu überwinden. Man darf die Aussagen über Gottes Hinwendung zu uns nicht loslösen von seinem konkreten Handeln, in dem diese Hinwendung geschieht. Sie zeigt sich entscheidend in der Kreuzigung Jesu und in seiner Auferstehung, durch die er zum Christus Gottes erhöht wird. Auf Golgatha werden Jesus von Nazareth und in ihm alle Menschen gerichtet. Hier erweist sich Gott als der zornige, gerechte, heilige, unnahbare, Sühne fordernde Gott. Wer aber sich diesem Gericht unterwirft, zugibt, daß er vor Gott nicht gerecht ist und für seine Untreue, Ungehorsam, Unglauben Gottes Zorn verdient hat, und Jesu Opfertod als für sich geschehen annimmt, der erfährt in der Auferstehung Jesu Christi Gott als den gnädigen, barmherzigen, liebenden, Menschen suchenden Gott. Wer die Aussagen über Gott von diesem Handeln in der Kreuzigung Jesu von Nazareth und in der Auferstehung Jesu Christi loslöst, der objektiviert, was nicht objektiviert werden darf. Ebenso erfaßt erst der das Handeln Gottes richtig, der sich nicht davon distanziert, sondern es an sich geschehen läßt als einer, der mit Jesus gekreuzigt und mit Christus auferweckt wird.

Diskussion

Frage: Sie sind in Ihrem Vortrag nicht explizit auf die Frage des Wunders eingegangen. Ich vermute aber, daß Sie von der neuen Sicht der Naturwissenschaft auch dazu Stellung nehmen könnten. Im Anschluß an Ihre letzten Ausführungen denke ich insbesondere an Auferstehung und Himmelfahrt Jesu.

Antwort: Ein Wunder sollte nicht mehr als Durchbrechung der Naturgesetzlichkeit verstanden oder bezeichnet werden. Das Wort ›Wunder‹ gehört überhaupt nicht in das Vokalubar der Naturwissenschaft. Wer als Naturwissenschaftler vom Wunder redet, kann es nur als Glaubender, als Zweifelnder oder als Ablehnender tun, nicht als Wissender. Wenn er aber glaubt, daß ein bestimmtes Wunder wirklich geschehen ist, so kann er es naturwissenschaftlich als ein statistisch seltenes Ereignis einordnen: sehr unwahrscheinlich, aber nicht unmöglich. Jedes echte Wunder ist ein Handeln Gottes, gewirkt durch sein Wort, aus dem Unsichtbaren ins Sichtbare hinein und als solches nur im Glauben zu erfassen. Bei der Auferweckung Jesu geschieht, wie ich meine, folgendes: Gott ruft alle Elementarteilchen ins Nichts zurück, die den irdischen Leib Jesu gebildet haben (daher das leere Grab), und zugleich gibt er — ebenfalls durch sein Wort — der Person Jesu (Vater, ich befehle meinen Geist in deine Hände, Luk. 23, 46) den geistlichen Auferstehungsleib, mit dem Jesus in das Unsichtbare eingeht[20]. Von dort her ist Jesus mehrfach erschienen, d. h. in einem materiellen Leib sichtbar gemacht worden, bis er endgültig zum Vater ging. Zum Zeichen dessen geschah die Himmelfahrt, bei der Jesus mit Rücksicht auf die Jünger, die im naiven Weltbild lebten, sich kurz emporheben ließ, aber durch eine Wolke — von der Art, wie sie die Herrlichkeit des Herrn zugleich enthüllt und verhüllt (2. Mose 16, 10; 40, 34—38) —

[20] Näheres siehe H. Rohrbach, Naturwissenschaft und Glaubensbekenntnis, Evangelische Akademie Mannheim 1965, S. 30 ff.

ihren Blicken entzogen wurde. In dieser Wolke wurde Jesus in das Unsichtbare, in den Himmel, hinein entrückt[21].

Frage: Ich stimme gern zu, wenn der Vortragende sagt, daß die Naturwissenschaft heute von einem zeitlichen Anfang der Welt redet. Rechnet man aber wirklich auch mit einem zeitlichen Ende der Welt?

Antwort: Ein zeitliches Ende des Kosmos wird naturwissenschaftlich stets nur im Sinne des Entropiesatzes verstanden, als ein Endzustand größter Wahrscheinlichkeit in der Verteilung der Materie, wo die Menge der Elementarteilchen gleichmäßig und homogen über den Raum verteilt ist, so daß ihre Wirkungen aufeinander sich gegenseitig aufheben und nichts mehr »passiert«. Das biblische Wort: Himmel und Erde werden vergehen (Matth. 24, 35) besagt mehr. Dieses Vergehen wird von Gott her durch ein Zurückrufen aller Elementarteilchen ins Nichts bewirkt werden und hat mit dem irdischen Leib Jesu bereits begonnen. Er ist der Erstling der neuen Schöpfung.

Frage: Es würde mich interessieren zu erfahren, inwiefern Sie die Wandlung im Denken der Naturwissenschaft, von der Sie sprachen, als eine endgültige ansehen. Muß man nicht damit rechnen, daß die Physiker bald wieder ein neues Weltbild entwickeln, wodurch die jetzige Sicht wieder überwunden wird?

Antwort: Das ist eine wichtige Frage. Aber es ist nicht richtig zu meinen, die Naturwissenschaft hätte das Weltbild des 19. Jahrhunderts gestürzt und ein neues an dessen Stelle gesetzt. Alles, was gesicherte Erkenntnis war, ist geblieben: die klassische Mechanik, die Optik, die Elektrodynamik, die Thermodynamik usw. Das Weltbild ist nur gesäubert worden von metaphysischen Relikten, von Aussagen, die nicht naturwissenschaftliche Erkenntnis waren. Ferner sind zusätzliche Erkenntnisse gewonnen worden, insbesondere über die Naturgesetzlichkeit der Mikrophysik. Diese tritt aber nicht eigenständig neben die Gesetzlichkeit der Makrophysik, sondern ist die eigentliche Naturgesetzlichkeit, von der her die der Makrophysik als Grenzfall zu verstehen ist. Diese Sicht und damit auch das neue Denken ist insofern etwas Endgültiges, als es durch die Erfahrung bestätigt ist und in allen noch kommenden Wandlungen bleiben wird, wie die klassische Mechanik usw. bei der jetzigen Wandlung erhalten blieb. Sicherlich werden noch weitere Erkenntnisse gewonnen werden, vielleicht wird noch manches andere als metaphysischer, weltanschaulicher Rest erkannt und abgestoßen werden. Aber selbst wenn einmal ein »Submikrokosmos« mit einer »submikrophysikalischen Gesetzlichkeit« entdeckt werden sollte, wird die Gesetzlichkeit der Mikrophysik als Grenzfall der submikrophysikalischen Gesetzlichkeit für ihren Bereich gültig bleiben wie die Gesetze der Makrophysik im Makrokosmos auch heute noch trotz Mikrophysik unverändert gelten. Doch gebe ich Ihnen gern zu,

---

[21] Näheres siehe H. Rohrbach, Aufgefahren gen Himmel, Verlag Goldene Worte, Stuttgart 1965.

daß meine Überzeugung von der Richtigkeit des neuen Denkens auch auf jener Gewißheit beruht, die ich vom Glauben her haben darf: Daß es mir der Wahrheit der Offenbarung zu entsprechen scheint, wenn der Schöpfer sich in seiner Schöpfung nicht anders offenbart als in seinem Wort — nämlich komplementär und nicht-objektivierbar!

Frage: In Ihrer Antwort auf die erste Frage haben Sie zwei Argumente verwendet, die sich meiner Ansicht nach widersprechen.
a) Die statistische Auffassung der Naturgesetze. In diesem Fall sind die Wunder so unwahrscheinlich, daß sie in historischer Zeit nicht so oft hätten auftreten können, wie sie in der Bibel berichtet werden.
b) Das Wunder als Wirkung von Gottes dynamischem Wort. Hierbei bleibt doch das Wunder ein Wunder, während man durch Argument a) dem Wunder eigentlich seinen Charakter nimmt.
Ich bitte um nähere Klärung des Verhältnisses der beiden Argumente a) und b) zueinander.

Antwort: Ihr Einwand ist durchaus berechtigt und betont noch einmal die Komplementarität im Handeln Gottes. Das Sichtbare und das Unsichtbare sind jetzt die beiden Bereiche, die komplementär einander zuzuorden sind. Die beiden von daher gewonnenen Aspekte schließen einander aus. Zu einem Widerspruch kommen wir aber nur, wenn wir die Aspekte objektivieren. Wir haben also noch die Nichtobjektivierbarkeit zu beachten. Ein bestimmtes Wunder, etwa die Brotvermehrung bei der Speisung der 5000, ist im Sichtbaren — das der naturwissenschaftlichen Forschung als Einziges zugänglich ist — zwar ein makrophysikalisches, statistisch seltenes Ereignis; seine Wurzeln sind jedoch mikrophysikalische Vorgänge. Der Glaubende darf diese als Wirkungen des Wortes Gottes verstehen. Vom Unsichtbaren her setzt Gott durch sein Wort die Elementarteilchen in der Struktur, wie sie das Brot ausmachen, so daß zuletzt in den zwölf Körben voll Brocken mehr Materie übrigbleibt, als zuvor vorhanden war. Ein Wunder erscheint also im Sichtbaren als ein statistisch seltenes Ereignis und ist zugleich, im Unsichtbaren — das das Sichtbare durchdringt —, ein Wirken Gottes. Der Charakter des Wunderbaren wird durch die gegebene »Erklärung« nicht aufgehoben.

Frage: Wir kennen Gott aus seinem Wort und seinen Werken, der Schöpfung. Wenn in der Schöpfung die Komplementarität gilt, müßte sie auch für sein Wort gelten, da Gott sich stets in derselben Weise offenbart. Nun kennen wir aus der Bibel den prinzipiellen Unterschied von Gut und Böse, Himmel und Hölle. Soll man also auch bei diesen Begriffen ein Zugleich annehmen?

Antwort: Es ist richtig, daß auch Gottes Wort, soweit es sich aus dem Unsichtbaren ins Sichtbare hinein offenbart, als komplementär verstanden werden darf. Das zeigt sich etwa an einer Aussage wie Phil. 2, 12 oder allgemeiner an den Indikativen, mit denen Paulus in seinen Briefen unser Gerettetsein als Zustand im Unsichtbaren bezeichnet, gegenüber den Imperativen, die derselbe Paulus in seinen Briefen für unseren Wandel in der sichtbaren Wirklichkeit gebraucht. Es zeigt sich ferner besonders deutlich in dem fleischgewordenen Wort Gottes, Jesus von Nazareth, der zugleich wahrer Mensch (im Sichtbaren) und wahrer Gott (im Unsichtbaren) ist. Bei Himmel und Hölle, Gut und Böse, trifft die Komplementarität jedoch nicht zu, weil es sich hier um Kategorien handelt, die allein dem Unsichtbaren angehören bzw. dort wurzeln. Himmel, als Bereich des Lichts, und Hölle, als Bereich der Finsternis, gehören beide zum Unsichtbaren. Herr aber über beide Bereiche ist Gott. Satan ist nur ein Geschöpf. Nur innerhalb der Macht, die Gott ihm zusteht (vgl. Hiob 1 und 2), wirkt Satan Böses in das Sichtbare hinein und verführt Menschen zum Bösen. Das Versetztwerden aus dem Machtbereich der Finsternis in den Machtbereich des Lichts (Kol. 1, 13) spielt sich im Unsichtbaren ab, und der Sinn des Verbots in 1. Mose 2, 17 ist, daß Gott allein sich die Entscheidung über Gut und Böse vorbehält.

Für jeden, der sich mit Fragen des christlichen Glaubens befaßt –
ob er schon glaubt oder noch davorsteht – ist entscheidend wichtig, wie sich die wissenschaftliche Auslegung der Bibel und der
persönliche Umgang mit ihr zueinander verhalten. Wie kann die
so ganz andersartige Wirklichkeit Gottes in angemessener Weise
theologisch oder glaubensmäßig wiedergegeben werden? Bei
diesem denkerischen Bemühen zeigt sich immer wieder, daß wir
alle von einer Subjekt–Objekt–Haltung im Erkennen geprägt
sind, die durch die sogenannte Descartessche Spaltung in eine res
cogitans, das denkende Subjekt, und eine res extensa, das Objekt, über das nachgedacht wird, verursacht wird. Die Philosophie von Descartes setzt voraus, daß wir als Wissenschaftler in
einer uns unberührt lassenden Weise einen Gegenstand erkennen, wie er an sich ist, und so wahre Aussagen über ihn machen
können.

Diese philosophische Erkenntnistheorie, die bereits beim Erforschen mikrophysikalischer Sachverhalte aufgegeben werden
mußte (siehe S. 109, 126), versagt aber völlig, wenn sie auf Gott
und sein Wirken angewendet wird. Schon die dialektische Theologie, insbesondere Karl Barth, betonte, daß Gott kein Objekt
unserer Erkenntnis ist. Über ihn können wir nicht unbeeinflußt
und unter Absehen von uns selbst nachdenken noch wahre Aussagen erarbeiten. Gott sei stets der »ganz Andere«, eine lebendige, machtvolle, dynamische Wirklichkeit, die den Menschen, der
ihr echt begegnet und sie erkennen will, nicht unverändert läßt.
Man kann nicht sozusagen ›abstrakt‹ über Gott reden. Aussagen
über Gott werden erst wahr, wenn sie als Beziehungsaussagen
erfaßt und formuliert werden, wenn also der, dem sie gelten,
durch sie sich selber mitteilt.

Mir selbst ging, als ich zum Glauben gekommen war, vieles
nur schwer ein, das über Gott und über sein Handeln in Natur

---

[21] Erweiterte Fassung eines Vortrags, erstmals auf einer Veranstaltung der
Internationalen Vereinigung Christlicher Geschäftsleute 1980 in Zürich
gehalten.

und Geschichte in der Bibel ausgesagt wird. Wer an ein exaktes Denken als Wissenschaftler gewöhnt ist, versucht selbstverständlich, mit der üblichen Logik das Wesen Gottes und seine Offenbarung zu verstehen. Solange er dabei persönlich distanziert bleibt oder bleiben will, wird es ihm nicht gelingen. Denn diese Logik ist zur Gotteserkenntnis völlig ungeeignet. Immer wieder wird man auf Widersprüche stoßen. Den Weg, auf dem ich über diese grundsätzliche Schwierigkeit hinweggeführt worden bin, möchte ich im folgenden darlegen. Dazu gehe ich von den Grundprinzipien des alten Denkens aus, stelle ihnen die Grundprinzipien des neuen Denkens gegenüber, erläutere diese des Näheren und wende sie auf einige wichtige Aussagen des christlichen Glaubens an.

I.

Die Hauptkategorien des sogenannten logisch-diskursiven Denkens, mit dem Wissenschaftler bis in dieses Jahrhundert hinein gearbeitet haben und arbeiten – jedenfalls im Abendland und in den von ihm beeinflußten Regionen – gehen auf den bedeutenden griechischen Philosophen Aristoteles zurück. Es handelt sich im wesentlichen um drei Kategorien.

a) *Der Satz vom Widerspruch*, d.h. wenn es gelingt, aus einer Annahme durch logisch einwandfreie Schlüsse einen Widerspruch zu erzielen, kann diese Annahme nicht richtig gewesen sein.

b) *Der Satz vom zureichenden Grunde*, d.h. jede Wirkung muß eine Ursache haben, nichts ereignet sich ohne Grund. In der klassischen Physik hat man mit diesem Prinzip das Kausalgesetz postuliert, die Determiniertheit allen Naturgeschehens: Man meinte, alles, was in der Natur geschieht, ereigne sich nach festen, unumstößlichen Gesetzen, und sowohl Wirkung wie Ursache gehören der Natur, dem Universum an.

c) *Der Satz vom ausgeschlossenen Dritten*, d.h. ein Sachverhalt ist entweder so oder nicht so, ein Drittes gibt es nicht. Ein Naturvorgang kann nicht entgegengesetzte Eigenschaften zugleich aufweisen. Sonst würde er sich selbst aufheben.

Diese drei Denkkategorien beherrschten das philosophische Denken des Abendlandes und wurden mit der Aufklärung auch Grundlage jeder wissenschaftlichen Forschung. In der Auseinandersetzung mit der christlichen Kirche und ihrem Glauben kam es seitens des selbständig denkenden Menschen immer mehr zu dem Anspruch, daß sich auch die Vorstellungen über Gott, über seine Eigenschaften und sein Verhalten den allgemein anerkannten Denkkategorien zu fügen, von daher verständlich zu sein haben. Und weil das nicht möglich war, weil für das logisch–diskursive Denken viele Widersprüche in der Bibel vorliegen, breitete sich weithin im christlichen Abendlande der Unglaube aus.

Als Beispiel zu a) nenne ich ein Problem, das die Philosophen der Neuzeit und der Gegenwart immer wieder beschäftigt hat: den offensichtlichen Gegensatz zwischen Gottes Allmacht und dem freien Willen des Menschen. Man kam zu der Überzeugung: Ein freies Handeln des Menschen sei Gottes Allmacht gegenüber logisch undenkbar. Ich zitiere hierzu einige Aussagen.[22]

Baruch de Spinoza (1632-1677) sagte: Nicht nur die menschliche Freiheit, sondern überhaupt jedes geschöpfliche ›Neben‹ ist eine Antastung der Gottheit Gottes und deshalb undenkbar. *Johann Gottlieb Fichte* (1762-1814) meinte: Eine Schöpfung läßt sich gar nicht ordentlich denken – das, was man wirklich denken heißt. Das Setzen einer Schöpfung ist das erste Kriterium der Falschheit, das Ableugnen einer Schöpfung das erste Kriterium der Wahrheit. Nach *Ludwig Feuerbach* (1804–1872) gilt: Die Gottheit Gottes kann kein freies menschliches Subjekt neben sich dulden. *Nicolai Hartmann* (1882-1950) betonte: Göttliche Lenkung der Welt hebt jede freie Aktion in der Welt auf; menschliches Handeln ist nur in einer nicht-teleologischen Welt möglich. Und *Ernst Bloch* (1885-1965) formulierte: Wo der große Weltherr ist, hat die Freiheit keinen Raum, auch nicht die Freiheit der Kinder Gottes. Eine Entbindung menschlicher Aktivität gibt es daher überhaupt nur durch Atheismus.

Die Konkurrenz von der Existenz Gottes und der Freiheit des Menschen kann sowohl im Namen der Gottheit Gottes (Spino-

---

[22] Näheres in: H. Gollwitzer, Die Existenz Gottes im Bekenntnis des Glaubens, Kaiser Verlag, München 1963, S. 78.

za) wie auch im Namen der Menschlichkeit des Menschen (Fichte, Feuerbach, Hartmann, Bloch) behauptet werden. In jedem Fall ist das Gegenüber von Gott und Mensch ein Ärgernis. Dieses Gegenüber ist mit einem philosophischen Verständnis von Gott nicht zu vereinen. Und so ergibt sich, vermeintlich einwandfrei, der Schluß: Da der Mensch *ist*, kann logischerweise Gott *nicht sein*.

Der Christ ist bereit, im Glauben die Alternative auszuhalten. Er bekennt die eine Wirklichkeit, das Sein Gottes, und die andere Wirklichkeit, das Sein der Welt. Er bekennt darüber hinaus die durch das Vorhandensein der Schöpfung und des Menschen nicht angetastete Gottheit Gottes und die durch Gottes Gnade nicht aufgehobene, sondern gerade erst ermöglichte Freiheit und Menschlichkeit des Menschen. Damit ist dem christlichen Glauben eine große Aufgabe gestellt, auch denkerischer Art. Aber weil der wirkliche glaubende Christ um den festen Grund seines Glaubens weiß, ist er auch bereit umzudenken. Das gehört zu der im Neuen Testament geforderten Metanoia (Sinnesänderung) dazu. Martin Luther gibt ein Beispiel dafür, wenn er formuliert[23]:

Ein Christenmensch ist ein freier Herr über alle Dinge und niemandem untertan.

Ein Christenmensch ist ein dienstbarer Knecht aller Dinge und jedermann untertan.

Damit zeigt Luther, daß er in Gegensätzen denken konnte – ein Hinweis auf das heute geübte komplementäre Denken, auf das ich noch einzugehen habe. Die Aussagen lassen sich auch nicht aus der Beziehung Christenmensch-Gott lösen, sind also auch nicht objektivierbar.

Als Beispiel zu b) weise ich auf die biblischen Wunderberichte hin, die vielen denkenden Menschen als naturwissenschaftlich unmöglich erscheinen. Da soll ein Meer von einer gewaltigen Menschenmenge trockenen Fußes durchquert worden sein. Die Sonne habe einen Tag lang stillgestanden. Kranke seien spontan geheilt und sogar Tote auferweckt worden. Ein Mensch sei über Wasser gegangen, ohne unterzusinken. Bei einer Hochzeit sei

[23] M. Luther, Von der Freiheit eines Christenmenschen, Werke, Weimarer Gesamtausgabe Band 7(1897),S. 21.

Wasser in Wein verwandelt worden. Wenn diese und andere Ereignisse wahr sein sollten, müßten ja Naturgesetze durchbrochen werden, und das ist undenkbar. Es kann keine naturwissenschaftliche Erklärung, meint man, für so merkwürdige Geschehnisse geben. Also handele es sich bei all diesen Berichten um Legenden. Wenn z.B. Atome unveränderlich sind (wie man noch um die Jahrhundertwende annahm), kann aus einem H_2O-Molekül (Wasser) kein C_2H_5OH-Molekül (Alkohol) entstehen; woher soll denn das C-Atom (Kohlenstoff) kommen! So ließ das Kausalgesetz den Glauben an die Möglichkeit von Wundern, wie sie die Bibel berichtet, einfach nicht zu.

Als Beispiel zu c) bringe ich das oft unbegreifliche Nebeneinander von Zorn und Liebe im Wesen Gottes. Wie kann ein Gott der Liebe so viel Leid und Ungerechtigkeit auf der Erde zulassen! Wie kann er, auch wenn er den Menschen zürnt, Millionen von Menschen verhungern und unschuldige Kinder mißhandelt werden lassen, ohne einzugreifen! Nein, das dürfte seine Liebe nicht zulassen.

Und setzt man den Gedanken fort, so kommt man zu folgender Gegenüberstellung: Auf der einen Seite, vorwiegend nach dem Alten Testament, sei Gott der heilige, unnahbare, gerechte, richtende, ja rächende Gott, der für die Nichtachtung seiner Heiligkeit und Majestät Sühne fordert, Sühne durch Blut! Und auf der anderen Seite, vorwiegend nach dem Neuen Testament, sei er der gnädige Gott, der barmherzige, liebende, Menschen suchende, sich erniedrigende, auf die Erde herabkommende Gott. Ja, was gilt nun von ihm? Ist er von der einen oder von der anderen Art? Dem Satz vom ausgeschlossenen Dritten zufolge könnte er nur der eine, der zornige, rächende Gott sein oder nur der andere, der liebende und barmherzige Gott. Beides zugleich – unmöglich!

Die Beispiele zeigen, daß die Denkweise, die seit Aristoteles dem abendländischen Denken und wissenschaftlichen Arbeiten als selbstverständlich innewohnt, gänzlich ungeeignet ist, die Aussagen der Bibel über den Gott Abrahams, Isaaks und Jakobs, den Vater Jesu Christi auch nur annähernd zu erfassen. Es bestätigt sich damit nur das Wort Gottes über sich selbst, das dem Propheten Jesaja gegeben wurde (Jes. 55,8-9): »Meine Gedanken sind nicht eure Gedanken, und eure Wege sind nicht meine Wege, spricht der Herr, sondern so viel höher der Himmel ist als die Erde, so sind auch meine Wege höher als eure Wege und meine Gedanken als eure Gedanken.« Gott selbst macht es dem denkenden, gebildeten Menschen schwer, ihn als seinen Gott anzunehmen.

Er mutet uns einiges zu, dieser Gott der Bibel, in seiner völligen Andersartigkeit. Er sollte doch, so meint man oft, dafür sorgen, daß man ihn leichter verstehen könnte. Stattdessen läßt er zu, daß man sich von ihm, dem Unbegreifbaren, abkehrt. Aber – und das zeigt ihn wieder von der anderen Seite – nebenbei schafft er, unmerklich und überraschend, eine neue Möglichkeit, sich ihm zu nähern. In diesem 20. Jahrhundert hat er den exakten Naturwissenschaftlern, den Physikern und Mathematikern, tiefere Erkenntnis im Bereich der Mikrophysik und der Grundlagen geschenkt, die dazu führte, das bisherige logische Denken entscheidend zu wandeln. Von diesem neuen Denken möchte ich nunmehr zeigen, daß es dem, der glaubt, einen denkerischen Zugang zum Gott der Bibel öffnet. Mir jedenfalls ist damit die Möglichkeit gegeben, meinem Denken und meinem Glauben als Mathematiker dieselbe Ausgangsbasis zugrunde zu legen.

II.

Beim Erforschen des Bereiches der Mikrophysik, d.h. des atomaren Bereiches der Elementarteilchen, stellte sich für die theoretischen Physiker heraus, daß die alten Denkkategorien nach Aristoteles zur Erfassung und Kennzeichnung der Beobachtungen nicht ausreichen. Das Naturgeschehen, sobald man nur einzelne Elementarteilchen untersucht, verhält sich anders, als es vom Geschehen in der Makrophysik her angenommen wurde. Mehr und mehr Forscher gaben unter Überwindung großen inneren Widerstandes das alte Denken als unzureichend auf und nahmen nach und nach das neue Denken an, das den mikrophysikalischen Vorgängen angemessen ist.

Der Satz vom Widerspruch wird dabei ersetzt durch den Begriff der *Nichtobjektivierbarkeit*. Damit wird eine Abkehr vom verabsolutierenden Denken vollzogen.

Der Satz vom zureichenden Grunde wird ersetzt durch den Begriff der *Kontingenz*. Damit wird dem deterministischen Denken der Abschied gegeben.

Der Satz vom ausgeschlossenen Dritten wird ersetzt durch den Begriff der *Komplementarität*. Damit wird das alternative Denken aufgegeben.

Im Bereich der Makrophysik reicht das von Aristoteles begründete Denken natürlich nach wie vor aus. Nur im Bereich der Mikrophysik sind die neuen Denkkategorien erforderlich. Von ihnen aus können jedoch die alten durchaus einen tieferen Sinn erhalten. Ebenso kommt man im alltäglichen Leben selbstverständlich auch mit dem logisch-diskursiven Denken aus. Denn da hat man es nur mit großen Materieteilen zu tun, nicht mit einzelnen Elementarteilchen.

Wer aber nachdenkend an die Aussagen der Bibel herangehen will, der sollte wissen, daß das gewaltige denkerische Rüstzeug von Aristoteles ungeeignet ist. Dafür bringt es so gut wie nichts. Will er als Glaubender nicht immer wieder scheitern, so eigne er sich die neuen Denkkategorien an, die im Bereich der Mikrophysik erarbeitet worden sind. Dazu seien nun die notwendigen Erläuterungen gegeben.

Der Begriff der *Nichtobjektivierbarkeit* besagt, daß eine Aussage, die in einem bestimmten Beobachtungszusammenhang gewonnen wurde, nicht verobjektiviert, d.h. nicht von diesem Beobachtungszusammenhang gelöst werden darf. Wenn z.B. ein Lichtstrahl in einem Experiment (etwa zur Beugung oder Interferenz des Lichtes) als Wellenvorgang erkannt wurde, darf man nicht schließen, das Licht habe *an sich* Wellenstruktur, unabhängig von der Beobachtung. Richtig ist nur, daß der Lichtstrahl im beobachteten Zusammenhang objektiv ein Wellenvorgang war. Derselbe Lichtstrahl kann anschließend einem anderen Experiment unterworfen werden (etwa zum lichtelektrischen Effekt mit Absorption und Emission) und erweist sich da als Teilchenerscheinung, als Geschoßgarbe aus Lichtquanten, den Photonen. Dann darf man wiederum nicht schließen, das Licht sei *an sich* eine Teilchenerscheinung. Richtig ist wiederum nur, daß der Lichtstrahl in dem anderen beobachteten Zusammenhang objektiv eine Teilchenerscheinung war. Nach einem An-sich-sein zu fragen (dem Sein des Lichtes im unbeobachteten Zustand), hat naturwissenschaftlich keinen Sinn. Eine Antwort ist nur aufgrund von Beobachtung möglich. Dann aber läßt sich die Seinsfrage nur im Zusammenhang mit *dem* Experiment beantworten, mit dem die Frage gestellt wird.

Erkenntnistheoretisch bedeutet Nichtobjektivierbarkeit, daß man jede Aussage über einen Vorgang nur als Aussage über die Erkenntnis von diesem Vorgang versteht. Während die klassische Logik mit dem Satz vom Widerspruch *zeitlose* Widersprüche nicht gelten läßt, geht es der Nichtobjektivierbarkeit um Widerspruchsfreiheit zwischen *zeitabhängigen* Aussagen. Die Beobachtungen werden in aufeinander folgenden Experimenten gewonnen. Erst bei Ablösung vom Zusammenhang kommt es zu einem (zeitlosen) Widerspruch und damit zu einem Gegensatz zur diskursiven Logik.

Mit dem Prinzip der Nichtobjektivierbarkeit wenden wir uns von einem *verabsolutierenden Denken* ab, das da meint, die Welt und in ihr die Natur sei uns als abgeschlossenes System verfügbar und der Mensch in ihr ein autonomes Wesen. Die Versuchung zu verabsolutieren ist groß. Man denke an das Problem von der Allmacht Gottes und der Freiheit des Menschen. Da wird schon die Fragestellung verabsolutiert. Denn jede Betrachtung des Menschen ohne seinen Bezug zu Gott setzt Gott und Mensch als gleichwertige Partner. Gewiß, Gott ist absolut, nicht aber der Mensch. Es gibt einen Zusammenhang, in den Gott den Menschen hineingestellt hat: Gott der Schöpfer, der Mensch ein Geschöpf. Ob wir das annehmen können oder nicht, spielt dabei keine Rolle. Es ist der Sachverhalt, den Gott gesetzt hat und aus dem wir uns nicht herauslösen können. Daß wir in dieser Beziehung zu Gott unsere Freiheit zu leben vermögen, ist seine Gabe – die Ebenbildlichkeit, zu der wir geschaffen wurden. Mit ihr sind wir Personen, wie Gott Person ist. Darin liegt natürlich auch unsere Verantwortung. Wir können entgegengesetzt zum Willen Gottes handeln und damit sündigen. Und wir können seinen Willen für uns erfragen und mit seiner Hilfe zu tun versuchen und damit den Sinn des Menschseins erfüllen.

Der Begriff der *Kontingenz* besagt, daß ein Naturgeschehen nicht notwendig von Vergangenem ableitbar ist, daß es gewissermaßen spontan, zufallsbedingt, ohne erkennbare Ursache geschieht. Das Naturgeschehen zerfällt in gesetzmäßig ablaufende Vorgänge, den Naturgesetzen unterworfen, und in kontingente Ereignisse, die ohne natürliche (immanente) Ursache sind. Dabei sind diese nicht etwa die Ausnahme, sondern kennzeichnen das eigentliche Geschehen, aus dem die Naturgesetze erst resultieren. Die kontingenten Ereignisse werden immer stärker als das schlechthin Geschehende angesehen, das jedem Naturgeschehen zugrunde liegt. Als solche sind sie da, gleichgültig ob sie sich in ein System von Naturgesetzen einordnen lassen oder nicht. Ein kontingentes Ereignis kann durchaus ohne kausale Einordnung bleiben; das tut seinem Ereignischarakter keinen Abbruch.

Ein konkretes Beispiel ist der radioaktive Zerfall, bei dem man weiß, daß nach einer bestimmten Zeit die Hälfte der ursprünglich vorhandenen radioaktiven Atome zerfallen ist, ohne daß man gesetzmäßig angeben könnte, *welche* Atome und *wann* sie zerfallen.

Ein anderes Beispiel sind die Elektronensprünge von einer Schale eines Atoms in eine andere, die sich ereignen, ohne daß vorhergesagt werden könnte, *welches* Elektron *wann* und *wohin* springen wird.

Mit dem Wissen um die grundsätzliche Kontingenz allen Naturgeschehens verzichten wir auf jeden *Determinismus*, der die Naturwissenschaft lange beherrscht hat oder ihr zugeschrieben wurde. Das bedeutet positiv eine Offenheit zur Zukunft, eine Offenheit über jede endliche Situation hinaus. Es zeigt auch die Gerichtetheit der Zeit vom Faktischen (Vergangenheit) über das Wirkliche (Gegenwart) zum Möglichen (Zukunft).

Die Tatsache, daß kontingente Ereignisse das Naturgeschehen bewirken, gibt diesem einen *vordergründigen* Charakter. Das materielle Sein, zu dem auch der Mensch gehört, ist durch Moleküle, Atome und Elementarteilchen wunderbar strukturiert, aber die letzten Bausteine des Materiellen (Protonen, Neutronen, Elektronen, Quarks) sind selbst nichts Materielles mehr. Sie können sich als Teilchen oder als Welle ereignen, als Impuls ohne materiellen Träger und ohne beobachtbare Ursache. Materie ist Energie, nach der grundlegenden Erkenntnis von Albert Einstein. Das Weltall in all seinen Teilen geringer oder hoher Dichte ist überallhin offen, vordergründig – ohne daß ein Hintergrund oder Untergrund feststellbar ist.

Ein Nihilist und ein Atheist leugnen jeden Hintergrund. Für sie existiert nichts anderes als allein die sichtbare gegenständliche Welt. Ein Agnostiker läßt die Möglichkeit für einen Hintergrund offen, will aber nichts davon wissen, weil er nicht beobachtbar ist. Wer an den lebendigen Gott glaubt, der Himmel und Erde geschaffen hat, weiß vom Zeugnis der Bibel, daß die unsichtbare Welt Gottes die sichtbare Welt überall durchdringt.[24]

Der versteht auch, daß alles, das ist, durch Gottes Wort geworden ist (Joh. 1,3; Hebr. 11,3). Wenn er spricht, so geschieht's, wenn er gebietet, so steht's da (Psalm 33,9). Das bedeutet: Wenn Gott spricht, hat sein Wort – wenn er so will – die unbegreifbare Fähigkeit, sich in der sichtbaren Welt als Impuls, als kontingentes Ereignis und damit als Materie zu manifestieren, sie zu lenken und zu erhalten.

Mit diesem Verständnis werden die in der Bibel berichteten Wunder denkmöglich. Um ein Wunder zu wirken, braucht Gott kein Naturgesetz zu durchbrechen. Er hat seine Schöpfung von Anbeginn an so angelegt, daß er im Rahmen des Naturgesetzes seine Wunder tun kann; er ist nicht seinen eigenen Gesetzen unterworfen. Spaltet man etwa von einem Sauerstoffatomkern 2 Protonen und 2 Neutronen, d.h. ein Alphateilchen, ab, so entsteht ein Kohlenstoffatomkern. So kann aus einem Doppelmolekül $(H_2O)_2$ durch geeignete Kernspaltung ein C_2H_5OH werden. Ein Wunder wird von Gott gewirkt, durch sein Wort, aus dem Unsichtbaren in das Sichtbare hinein, d.h. durch ein kontingentes Ereignis. Es ereignet sich im makrophysikalischen Bereich, die Wurzeln aber liegen – wie bei jedem Naturgeschehen – im mikrophysikalischen Bereich. Da Kontingenz nicht notwendig vom Vergangenen ableitbar ist, ist Gottes auslösendes Wort nicht erkennbar (sachlich richtiger ist die umgekehrte Schlußweise). Gott will nicht erkennbar oder nachweisbar sein. Er will geglaubt sein, auf sein Wort hin. Wer will, soll ihn und seine Wunder ableugnen können.

[24] Vgl. hierzu spätere Ausführungen dieses Vortrags sowie H. Rohrbach, Unsichtbare Mächte und die Macht Jesu, R. Brockhaus Verlag, Wuppertal 1985.

Der Begriff der *Komplimentarität* besagt, daß einem physikalischen Vorgang bzw. Phänomen zwei Eigenschaften bzw. zwei Seinsweisen zuzuordnen sind, die sich ergänzen, indem sie sich ausschließen, d.h. widersprechen.

Der Lichtstrahl z.B., der in einem Experiment ein Wellenvorgang, in einem anderen Experiment eine Teilchenerscheinung ist, hat daher sowohl die eine Seinsweise (Welle) wie auch die andere Seinsweise (Teilchen). Beides ist experimentell erhärtet. Jahrhundertelang haben sich die Physiker gestritten – solange sie am Satz vom ausgeschlossenen Dritten festhielten –, was denn nun ›richtig‹ sei. Sie meinten immer, Licht könne doch nur *eine* Seinsweise haben, entweder als Wellenvorgang oder als Teilchenerscheinung. Erst in diesem Jahrhundert wurde erkannt – nachdem Niels Bohr die Denkkategorie der Komplementarität geschaffen –, daß dem Licht *beides* zukommt, die eine und die andere Seinsweise, je nach dem Experiment, womit es erforscht wird. Dem (zeitlosen) Widerspruch entgeht man durch das Prinzip der Nichtobjektivierbarkeit.

Mit dem komplementären Denken lösen wir uns vom alternativen Denken, das nur ein Entweder-Oder kennt. Komplementarität bedeutet in einem klar definierten Sinn ein Sowohl-Als-auch. Die neuen Denkkategorien sind kein Produkt der Spekulation oder der Phantasie. Sie sind uns im Zuge der mikrophysikalischen Forschung zwangsläufig zugewachsen. Sie sind sachlich notwendig, aber auch ausreichend, um das Geschehen im Bereich der Mikrophysik angemessen beschreiben und vom Geschehen im Bereich der Makrophysik begrifflich unterscheiden zu können.

Ich darf kurz wiederholen. *Kontingenz:* Ein Geschehen ist nicht notwendig von Vergangenem ableitbar; es weist keine wissenschaftlich erkennbare Ursache auf. *Nichtobjektivierbarkeit:* Der beobachtete Vorgang ist ein objektives Geschehen, ist aber nicht objektivierbar, d.h. die Aussage über ihn nicht aus dem Beobachtungszusammenhang ablösbar. *Komplementarität:* Jedes physikalische Phänomen weist zwei Eigenschaften bzw. Seinsweisen auf, die sich ergänzen, indem sie sich ausschließen.

Ich betrachte es als eine große Gnade Gottes, daß er der Naturwissenschaft, die im vergangenen Jahrhundert vielen Menschen den Glauben an den lebendigen Gott und Vater Jesu Christi als gegenstandslos hingestellt hatte (Gott sei sozusagen wohnungs- und arbeitslos!), in diesem Jahrhundert das neue Denken geschenkt hat, das dem Wirken Gottes und seinem Wort, wie es sich in der Bibel offenbart, Raum gibt für den, der glauben will. Natürlich ist Gott auch mit dem neuen Denken nicht zu begreifen. Er bleibt für jedes menschliche Denken unbegreifbar (Psalm 147,5; Röm. 11,33). Doch werden durch das neue Denken dem suchenden und fragenden Menschen viele Denkhindernisse für den Glauben hinweggeräumt, die für das aristotelische Denken unüberwindlich sind. Um es mit Worten von Blaise Pascal zu sagen: Es gibt Licht genug für die, die nichts anderes wollen als sehen, und es gibt Finsternis genug für die anderen, die nicht sehen wollen.

III.

Diese Aussage möchte ich durch einige Beispiele bekräftigen, die tieferen Inhalten des biblischen Glaubens entnommen sind. Ich beginne mit dem Begriff der Kontingenz. Daß Gott alles, das ist, aus kontingenten Ereignissen hervorgehen läßt, gibt ihm die unbeobachtbare Möglichkeit, in Natur und Geschichte handelnd einzugreifen, wie und wo er will. Es können Wunder sein, aber auch Naturkatastrophen. Er macht Winde zu seinen Boten und Feuerflammen zu seinen Dienern (Psalm 104,4). Er kann einen Menschen innerlich von Grund auf verändern, wie es der Mensch selbst nie von sich möglich gehalten hätte. Nichts ist bei Gott unmöglich. Das gilt auch für sein Handeln in der Geschichte. Ich zitiere aus einem Buch des Theologen Wolfhart Pannenberg:

Vom israelitischen Gottesverständnis her, das auch das Urchristentum geprägt hat, ist die Erfahrung der Wirklichkeit primär durch Kontingenz und zwar durch Geschehenskontingenz charakterisiert. Immer wieder geschieht Neues und Unvorhergesehenes, das als ein Wirken des allmächtigen Gottes erfahren wird. Darum ist nicht nur dieses oder jenes einzelne, sondern alles Geschehen grundsätzlich wunderbar oder wunderhaft. Nur unter der Voraussetzung eines solchen Verständnisses von Wirklichkeit ist es für die Israeliten und für die christlichen Erben der israelitischen Überlieferung sinnvoll zu beten. Von daher erscheint ferner der Glaube als das letztlich allein wirklichkeitsgerechte Verhalten. Denn, daß immer wieder unvorhersehbar Neues geschieht, bedeutet, daß man über den Zusammenhang, in dem gegenwärtige und vergangene Geschehnisse und Gestalten stehen und aus dem ihre Bedeutung zu bestimmen ist, noch nicht endgültig urteilen kann. Erst die Zukunft wird erweisen, was ›daran‹ ist ... Jedes Ereignis wirft ein neues Licht auf früher Geschehenes zurück; dieses erscheint nun in neuen Zusammenhängen. ... Erst nachdem der größere Geschehenszusammenhang, in welchen ein Ereignis gehört, zum Abschluß gekommen ist, läßt sich das wahre Wesen des Einzelgeschehens ermessen. Endgültig wird sogar erst die letzte Zukunft über seine Eigenart entscheiden. Daher gehört der Gedanke einer letzten Zukunft zur Logik dieser Sicht des Wirklichen.[25]

So weit Ausführungen von W. Pannenberg, der als erster Theologe den Begriff der physikalischen Kontingenz, übertragen auf eine Geschehenskontingenz als Handeln Gottes, in seine Überlegungen aufgenommen hat. Aus ihnen ergibt sich zugleich, daß Kontingenz nicht etwa eine neue Möglichkeit liefert, Gott wieder als sogenannten ›Lückenbüßer‹ einzuführen.

Ich gehe als nächstes Beispiel auf die Frage nach dem *Weltbild der Bibel* ein. Das ist keineswegs die Sicht von den drei ›Stockwerken Himmel, Erde und Hölle‹, wie es jahrhundertelang angenommen wurde und auch in der Gegenwart immer wieder behauptet wird. Weil die Verfasser der biblischen Bücher im antiken Weltbild gelebt haben, sind ihre Formulierungen naturgemäß von daher geprägt. Wer der Meinung ist, daß die Bibel nur menschliche Erkenntnis vermittelt, mag weiter behaupten, die Stockwerkvorstellung sei das Weltbild der Bibel. Wer aber überzeugt ist, daß die Bibel göttliche Offenbarung ist, daß da Menschen, vom Heiligen Geist getrieben, im Namen Gottes geredet haben, darf nicht mehr bei dem antiken Weltbild als Weltbild der Bibel bleiben. Denn Gott, der die Welt geschaffen hat, weiß um

---

[25] W. Pannenberg, Kontingenz und Naturgesetz, in: A. M. K. Müller und W. Pannenberg, Erwägungen zu einer Theologie der Natur, Gütersloh 1970, S. 37/38 und S. 44.

das Aussehen dieser Welt und gibt uns in seiner Offenbarung keine Sicht, die naturwissenschaftlich, d.h. durch menschliche Weisheit, widerlegbar ist.

Um die Wirklichkeitsschau der biblischen Offenbarung zu erkennen, hat man durch das an der Oberfläche zu Findende hindurch tiefer in der Schrift zu forschen. Dabei ist das komplementäre Denken sehr hilfreich. Die Bibel spricht außer von der *sichtbaren Welt*, in der wir leben, noch von einer *unsichtbaren Welt*, der Welt Gottes. Diese ist für die Zeugen, die uns die Bibel überliefert haben, genauso real wie die sichtbare Welt, aber viel wichtiger. So bekennt Paulus (2. Kor. 4,18): Wir (die wir glauben) schauen nicht auf das Sichtbare, sondern auf das Unsichtbare. Denn was sichtbar ist, das ist zeitlich, was aber unsichtbar ist, das ist ewig. Dabei bedeutet sichtbar alles, was mit den Sinnen wahrnehmbar ist, auch unter Verwendung aller Methoden und Geräte von Wissenschaft und Technik. Unsichtbar dagegen ist alles, was niemals vom Menschen aus wahrnehmbar ist, auch in alle Zukunft nicht.

Entscheidend ist nun, wie man sich das gegenseitige Verhältnis von Sichtbarem und Unsichtbarem denkt. Es ist weder ein Übereinander noch ein Umeinander. Die Weltsicht der Bibel für das Ganze der Wirklichkeit, auf die wir bezogen sind, ist vielmehr ein *Ineinander der beiden Wirklichkeiten*. Die unsichtbare Welt durchdringt die sichtbare überall. Das ist anschaulich nicht mehr zu vollziehen. Beide Wirklichkeiten lassen sich unterscheiden, aber nicht scheiden. Sie liegen *ungetrennt und unvermischt* ineinander. Ungetrennt bedeutet: völlig miteinander verwoben. Unvermischt besagt: völlig voneinander geschieden. Für dieses Paradoxon bietet sich die Komplementarität als Denkhilfe an: Beide Wirklichkeiten ergänzen sich, indem sie sich gegenseitig ausschließen. Dieses Ineinander wirft auch Licht auf den vordergründigen Charakter der sichtbaren Welt, von dem schon die Rede war. Das Weltall, das in all seinen Teilen offen ist, ohne ›Hintergrund‹, erweist sich nun, von der Weltsicht der Bibel her, als überall eingebettet in die unsichtbare Welt Gottes. Es ist überall offen zu Gott hin, der durch sein Wort, das sich als kontingentes Ereignis in der sichtbaren Welt manifestiert, in unsere Welt einwirken kann.

IV.

Was diese Sicht für den Glaubenden bedeuten kann, hat erhebliche *Konsequenzen*. In erster Linie ist es der Beter, der nun weiß, daß Gott ihm nahe ist, daß er nicht ins Leere hinein betet, sondern gehört wird und sein Gebet im Namen Jesu Erhörung findet. Weiter wird die Gewißheit des Psalmisten verständlich: Von allen Seiten umgibst du mich und hältst deine Hand über mir (Psalm 139,5). Geborgenheit in Gott gilt dem, der Gott vertraut. Auch Paulus wußte davon; er bezeugt es (Apg. 17,27.28): Gott ist nicht ferne von einem jeglichen unter uns; denn in ihm (in seiner Wirklichkeit) leben und weben und sind wir. Wir dürfen wissen, daß wir in beiden Wirklichkeiten zugleich leben, in der sichtbaren, in der wir uns vorfinden, *und* in der unsichtbaren, von der wir nur im Glauben wissen. Ob wir uns dessen bewußt sind oder nicht, spielt keine Rolle. Es ist ein Faktum, von Gott gesetzt, das für *alle* Menschen zutrifft, auch für die, die noch nicht glauben.

Dieses Sachverhaltes werden wir uns allerdings erst bewußt, wenn uns der wirkliche Glaube, der Glaube an Jesus Christus, den auferstandenen und erhöhten Herrn, geschenkt ist. Er sagt es uns mit den Worten: An demselben Tage werdet ihr erkennen, daß ich in meinem Vater bin und ihr in mir und ich in euch (Joh. 14,20). In gleicher Weise gilt sein Zuspruch: Siehe, ich bin bei euch alle Tage bis an der Welt Ende (Matth. 28,20).

Ich schließe eine Aussage des Apostolischen Glaubensbekenntnisses an: daß Jesus als Gottes Sohn auf dieser Erde war und daher zugleich wahrer Mensch und wahrer Gott gewesen ist. Diese nicht zu verstehende und schwer zu glaubende Aussage haben unsere Väter im Glauben mit dem Glaubensbekenntnis von Chalzedon 451, vom Heiligen Geist geleitet, wie folgt in Worte gefaßt: Die wahre Menschlichkeit und die wahre Göttlichkeit Jesu waren in dem einen Menschen Jesus von Nazareth ungetrennt und unvermischt vorhanden. Im Anschluß an diese Erkenntnis von Chalzedon habe ich das Ineinander von sichtbarer und unsichtbarer Wirklichkeit in gleicher Weise gekennzeichnet. Denn beides hängt miteinander zusammen. Jesus von Nazareth war im Sichtbaren wahrer Mensch und im Unsichtbaren wahrer

Gott und doch nur Einer. Es handelt sich um eine komplementäre Einheit der beiden Naturen.

Zu dem gleichen Ergebnis kommt der Theologe H.-H. Schrey, der wohl als erster das Credo Chalcedonense als Modell für eine theologisch saubere Korrelation zwischen Weltbild und Glaube herangezogen hat.[26] Er stellt zunächst fest, daß ein Dualismus, d.h. ein unverbundenes Nebeneinander von Weltbild und Glaube unzumutbar sei, da es nicht zu unserem geistigen Schicksal gehöre, »in zwei Bereichen leben zu müssen, zwischen denen es keine Brücke geben kann«. Sodann meint er, daß wir ebensowenig an die Stelle des Dualismus einen Monismus setzen, also gewaltsam einen Brückenschlag versuchen dürfen, weil solche Syntheseversuche »weder der Eigenständigkeit des Denkens noch der des Glaubens gerecht« werden.

Wer noch im alternativen Denken befangen ist, wird der Ansicht sein, sich nur zwischen diesen beiden Möglichkeiten eines Dualismus (Auseinanderfallens) von Weltbild und Glauben oder eines Monismus (Zusammenfallens) entscheiden zu können, falls er sich überhaupt entscheiden will. Demgegenüber weist Schrey auf die dritte Möglichkeit hin: die des komplementären Denkens, das allein der »Christologie des Chalcedonense mit ihren für die diskursive Logik widerspruchsvollen Aussagen über das Zusammen von Menschheit und Gottheit in der Person Jesu« angemessen sei. Er schreibt: »Die Christologie von Chalcedon richtet sich gegen Auffassungen der Person Jesu, die entweder eine Vermischung der beiden Naturen zu einer Wesenheit (Monophysitismus) oder ein Auseinanderfallen beider, vor allem im Leiden am Kreuz (Gnosis) annahmen. Die wahre Gottheit und die wahre Menschheit können nur dann zusammen ausgesagt werden, wenn keiner von beiden etwas abgebrochen wird. Man kann hier von einer komplementären Einheit der beiden Naturen sprechen. Zum Wesen der Komplementarität gehört, daß erst das Zusammen von zwei angeblich und scheinbar sich wi-

---

[26] H.-H. Schrey, Weltbild und Glaube im 20. Jahrhundert, Verlag Vandenhoeck & Ruprecht, Göttingen 1956, S. 62ff. Vgl. auch H. Rohrbach, Zur naturwissenschaftlichen Glaubwürdigkeit der Evangelien, in: Christsein in einer pluralistischen Gesellschaft, Festschrift für W. Künneth, Wittig Verlag Hamburg 1971.

dersprechenden Größen das wahre Bild der Wirklichkeit ergibt. Christus ist dann nicht in seiner wahren Bedeutung umschrieben, wenn von ihm nur ausgesagt wird: wahrer Mensch. Er ist aber auch dann nicht in seiner wahren Bedeutung erfaßt, wenn von ihm ausgesagt wird: wahrer Gott. Erst im Zusammen der beiden Aussagen wird die Wahrheit Christi sichtbar.«

In einer ähnlichen Weise, aber nur als Abschattung, besteht die Doppelnatur für jeden, der an Jesus glaubt. In ihm lebt ja, vom Worte Gottes beim Akt der Wiedergeburt gezeugt, der *inwendige Mensch*, der der unsichtbaren Welt angehört. Für ihn betet Paulus (Eph. 3, 14-17): Derhalben beuge ich meine Knie vor dem Vater, der der rechte Vater ist über alles, was da Kinder heißt im Himmel und auf Erden, daß er euch Kraft gebe nach dem Reichtum seiner Herrlichkeit, stark zu werden durch seinen Geist nach dem inwendigen Menschen, daß Christus wohne in euren Herzen und ihr in der Liebe eingewurzelt und gegründet werdet.

V.

Als nächstes Beispiel gehe ich auf die komplementären Eigenschaften Gottes ein – der *zornige* und der *liebende* Gott –, um mittels der Nichtobjektivierbarkeit zu zeigen, daß diese Eigenschaften einander nur zeitabhängig widersprechen. Der zeitlose Widerspruch der diskursiven Logik entsteht, wenn man beide Aussagen verabsolutiert, d.h. aus einem Geschehenszusammenhang herauslöst. Bei den Eigenschaften Gottes geht es natürlich nicht um einen experimentellen, sondern um einen historischen Zusammenhang. Wo begegnen wir Gott als dem einen oder dem anderen? In seiner Hinwendung zu uns Menschen! Nur so ist Gott überhaupt zu erfahren. Wo hat diese Hinwendung Gottes zu uns Menschen ihren letzten und endgültigen Ausdruck gefunden? In Jesus von Nazareth! Wo ist im Leben und Wirken Jesu diese Hinwendung Gottes zu ihrem Höhepunkt gekommen? Am Kreuz von Golgatha und in der Auferstehung Jesu von den Toten!

Damit haben wir die beiden geschichtlichen Zusammenhänge, von denen die Aussagen über Gottes Handeln letztlich nicht abgelöst werden dürfen. Dieser Gott, an den wir glauben sollen, der Gott Abrahams, Isaaks und Jakobs, der Vater Jesu Christi, ist der heilige, unnahbare, der rächende und richtende, der zornige und gerechte Gott, der für die Nichtachtung seiner Heiligkeit und Majestät Sühne fordert, Sühne durch Blut. Aber diese Aussage über ein objektiv zutreffendes Verhalten Gottes darf man nicht ablösen von seinem Handeln in und an Jesus von Nazareth am Kreuz von Golgatha. Hier, in diesem konkreten geschichtlichen Zusammenhang, erweist sich Gott als der heilige, rächende, richtende, zornige und gerechte Gott, der Sühne fordert durch Blut. Das Todesurteil, das jedem von uns Menschen persönlich zukommt – für seine Schuld und Sünde vor dem lebendigen Gott – hat er an Jesus von Nazareth, stellvertretend für jeden von uns, vollzogen. So hat sich Gott als der heilige und gerechte Gott erwiesen und die Gerechtigkeit gewirkt, die ihm angemessen ist. Doch darf man die Aussagen über seine strafende Hinwendung zur Welt nicht ablösen von dem Zusammenhang des historischen Geschehens am Kreuz von Golgatha. Dann wird objektiviert, was nicht objektivierbar ist, und man fällt zurück in das aristotelische Denken, das hierfür nichts einbringt.

Die andere Seite der Hinwendung Gottes zur Welt, seine Liebe, erfahren wir in dem historischen Geschehen der Auferstehung Jesu von den Toten. Wer den Sühnetod Jesu am Kreuz, den er stellvertretend für *jeden* Menschen erlitten hat, für sich im Glauben angenommen hat, der hat auch Anteil an seiner Auferstehung. Denn so bezeugt es Paulus: Wir sind mit ihm begraben durch die Taufe in den Tod, damit, gleichwie Christus ist auferweckt von den Toten durch die Herrlichkeit des Vaters, also sollen auch wir in einem neuen Leben wandeln (Röm. 6,4). In dieser Zuwendung erfahren wir Gott als den liebenden, gnädigen, barmherzigen Gott, der sich für uns erniedrigt hat, um uns mit ihm zu versöhnen und uns seine Gemeinschaft und das ewige Leben zu schenken. Aber nur in dem Geschehenszusammenhang der Auferstehung Jesu, durch den Gott das Opfer, das Jesus am Kreuz gebracht hat, als vollgültig anerkennt und in den wir hineingenommen werden, begegnen wir Gott als dem liebenden Gott, und die Aussage über seine Liebe darf nicht abgelöst werden von dem historischen Geschehen der Auferstehung Jesu.

Martin Luther bekennt im Aufblick zu dem für ihn Gekreuzigten, von dem er weiß, daß er nicht im Tode geblieben ist:

      simul justus et peccator -

      zugleich gerechtfertigt und Sünder.

   Damit bezeugt er, im Erkennen Gottes, daß er sich selbst durch Jesus als Sünder *und* als Gerechten vor Gott versteht, und weist so, unbewußt, auf den komplementären und nichtobjektivierbaren Zusammenhang im Handeln Gottes mit Kreuz und Auferstehung hin.

VI.

Ich schließe die Anwendung des neuen Denkens auf Aussagen des biblischen Glaubens mit dem Problem der *Dreieinigkeit Gottes*. Wir bekennen uns zu Gott dem Vater, zu Gott dem Sohn und zu Gott dem Heiligen Geist. Nach Athanasius ist ein Glaubensbekenntnis benannt, das um 500 das Paradoxe in diesem Glauben an den dreieinigen Gott wie selbstverständlich aufführt. Dort heißt es:

   Wir verehren den *einen* Gott in der Dreifaltigkeit und die Dreifaltigkeit in der Einheit, ohne Vermischung der Person und ohne Trennung der Wesenheit ... Der Vater ist ewig, der Sohn ist ewig, der Heilige Geist ist ewig. Und doch sind nicht drei Ewige, sondern es ist *ein* Ewiger. Der Vater ist allmächtig, der Sohn ist allmächtig, der Heilige Geist ist allmächtig. Und sind doch nicht drei Allmächtige, sondern es ist *ein* Allmächtiger. Der Vater ist Gott, der Sohn ist Gott, der Heilige Geist ist Gott. Und sind doch nicht drei Götter, sondern es ist *ein* Gott. Der Vater ist Herr, der Sohn ist Herr, der Heilige Geist ist Herr. Und sind doch nicht drei Herren, sondern es ist *ein* Herr ...

   Jede Person der Gottheit ist also einzeln als Gott und als Herr zu bekennen, und doch dürfen wir nicht von drei Göttern oder von drei Herren sprechen. Denn *es ist nur ein Gott, ein Herr*. Wer begreift das? Mit den Mitteln der diskursiven Logik ist es keineswegs zu begreifen. Dennoch sollten wir eine Denkmöglichkeit finden. Denn der Islam, der bereits missionarisch in das christliche Abendland vordringt, hält gerade das den Christen vor, daß sie – angeblich – an drei Götter glauben.

Wir wissen um die beiden Wirklichkeiten, die sichtbare Welt der Menschen und die unsichtbare Welt Gottes. Wir wissen, daß beide Welten ineinander liegen und daß Gott sich aus dem Unsichtbaren in das Sichtbare hinein offenbart hat und offenbart. Was das Athanasium bezeugen will, ist einfach das: Im Unsichtbaren ist Gott der Eine, in das Sichtbare hinein offenbart er sich in drei Personen, als Vater und als Sohn und als Heiliger Geist. Das aber stets so, daß in jeder Person stets der *eine*, der *ganze Gott* begegnet. Auch hier handelt es sich darum, daß wir Aussagen über Gott nicht objektivieren, sondern in ihrem Zusammenhang stehen lassen, im Sichtbaren bzw. im Unsichtbaren.

Als kleine gedankliche Hilfe betrachten wir uns selbst. Wir Menschen sind nach dem Ebenbild Gottes geschaffen. So können wir an uns selbst etwas von dem Geheimnis Gottes erkennen. Wir bestehen aus drei Bereichen: Leib, Seele und Geist. Das gilt für das Sichtbare. Im Unsichtbaren sind wir nur *einer:* der inwendige Mensch. Jeder der drei Bereiche des äußeren Menschen vertritt uns – je nachdem, wie er sich ›offenbart‹, ganz als den einen, der wir jeweils sind. Immer dann, wenn es um Statistiken geht (Einwohner, Wähler, Mitglieder, Arbeitnehmer, Nummern), zählt nur das Äußere; der Leib macht den ganzen Menschen aus. In allen Partnerbeziehungen (Freundschaft, Liebe, Ehe, Kameradschaft, Eltern und Kinder, Lehrer und Schüler) zählt das Innere, die Seele. Es geht um Vertrauen und Achtung; da macht die Seele den ganzen Menschen aus. Und wenn die Leistung im Vordergrund steht (Wirkung, Ansehen, Erfolg, Kreativität) zählt die Ausstrahlung; da macht der Geist den ganzen Menschen aus. Insofern ist auch der Mensch – als das Ebenbild Gottes – nur einer im Unsichtbaren, in das Sichtbare hinein jedoch entweder Leib oder Seele oder Geist und jedes jeweils ganz.

Das mag uns helfen, den Dreieinigen Gott so zu sehen, wie er gesehen werden will. Ich erinnere an ein Wort, mit dem Gott sich selbst bezeugt: Ich bin das A und O, der Anfang und das Ende, spricht Gott der Herr, der da ist und der da war und der da kommt, der Allmächtige (Offb. 1,8). Dieses Wort spricht ebenfalls von der Einheit im Unsichtbaren. Denn Gott der Herr, der von sich sagt: Ich bin der Ich bin (2. Mose 3,14), ist sicherlich ›der da ist‹, aber ›der da war‹ und ›der da kommt‹ ist zweifellos Jesus, der Sohn, und beide sind der *eine* Herr und der *eine* Allmächtige.

Die Einheit im Unsichtbaren, recht verstanden, läßt uns am Problem des präexistenten Sohnes Gottes ebenfalls nicht scheitern. Unser Glaube umfaßt ja eine doppelte Aussage: Zum einen wurde Jesus als Kind aus der Jungfrau Maria geboren und kam so als Sohn Gottes auf die Welt. Zum andern war er zuvor bei Gott, doch nahm er's nicht als einen Raub, Gott gleich zu sein, sondern entäußerte sich selbst und nahm Knechtsgestalt an, ward gleich wie ein andrer Mensch (Phil. 2,6-7). Wie ist das miteinander zu vereinbaren? Jesus, als Gott seit Ewigkeiten bei Gott, kommt aus einer Jungfrau Schoß als Kind auf die Erde! Die Schwierigkeit entsteht wohl nur dadurch, daß wir das Personhafte Gottes, das erst durch Offenbarung in das Sichtbare hinein geschieht, objektivieren und ins Unsichtbare übertragen. Gott ist Geist. Jedes Gestalthafte würde ihn in seiner Allgegenwart eingrenzen.

Im Prolog des Evangeliums nach Johannes wird bezeugt: Im Anfang war das Wort, und das Wort war bei Gott, und Gott war das Wort . . . Und das Wort ward Fleisch und wohnte unter uns, und wir sahen seine Herrlichkeit als des eingeborenen Sohnes vom Vater (Joh. 1,1 und 14). Damit wird uns die Möglichkeit gegeben, Gott im Unsichtbaren als eine Einheit von Wille, Wort und Geist zu denken. Ins Sichtbare hinein offenbart sich der Wille Gottes als Person des Vaters, das Wort Gottes als Person des Sohnes, der Geist Gottes als Person des Heiligen Geistes.

Aber zu allem, was ich gedanklich auszuführen gewagt habe, kann ich abschließend nur mit Paulus bekennen: Wir sehen jetzt durch einen Spiegel in einem dunklen Wort; dann aber von Angesicht zu Angesicht. Jetzt erkenne ich stückweise; dann aber werde ich erkennen, gleichwie ich erkannt bin. Nun aber bleibt Glaube, Hoffnung, Liebe, diese drei; aber die Liebe ist die größte unter ihnen (1. Kor. 13,12-13).

NEUE R. BROCKHAUS TASCHENBÜCHER